与冠军同行

RUNNING WITH THE OLYMPIC CHAMPION

莫季平【编著】

——一种正在悄然复兴的新击剑教育

浙江工商大學出版社
ZHEJIANG GONGSHANG UNIVERSITY PRESS

图书在版编目（CIP）数据

与冠军同行：一种正在悄然复兴的新击剑教育 / 莫季平编著．—杭州：浙江工商大学出版社，2016.8（2023.12 重印）
ISBN 978-7-5178-1786-4

Ⅰ．①与… Ⅱ．①莫… Ⅲ．①栾菊杰 – 生平事迹②击剑 – 体育教学 – 教学研究 Ⅳ．① K825.47 ② G885

中国版本图书馆 CIP 数据核字 (2016) 第 176818 号

与冠军同行

——一种正在悄然复兴的新击剑教育

莫季平　编著

策划编辑　任晓燕
责任编辑　沈明珠　白小平
封面设计　胡水上
责任印制　包建辉
出版发行　浙江工商大学出版社
（杭州市教工路 198 号　邮政编码 310012）
（E-mail：zjgsupress@163.com）
（网址：http://www.zjgsupress.com）
电话：0571-88904980，88831806（传真）
排　　版　杭州市水的广告设计工作室
印　　刷　广东虎彩云印刷有限公司绍兴分公司
开　　本　710mm × 1000mm　1/16
印　　张　11.5
字　　数　192 千
版 印 次　2016 年 8 月第 1 版　2023 年 12 月第 5 次印刷
书　　号　ISBN 978-7-5178-1786-4
定　　价　48.00 元

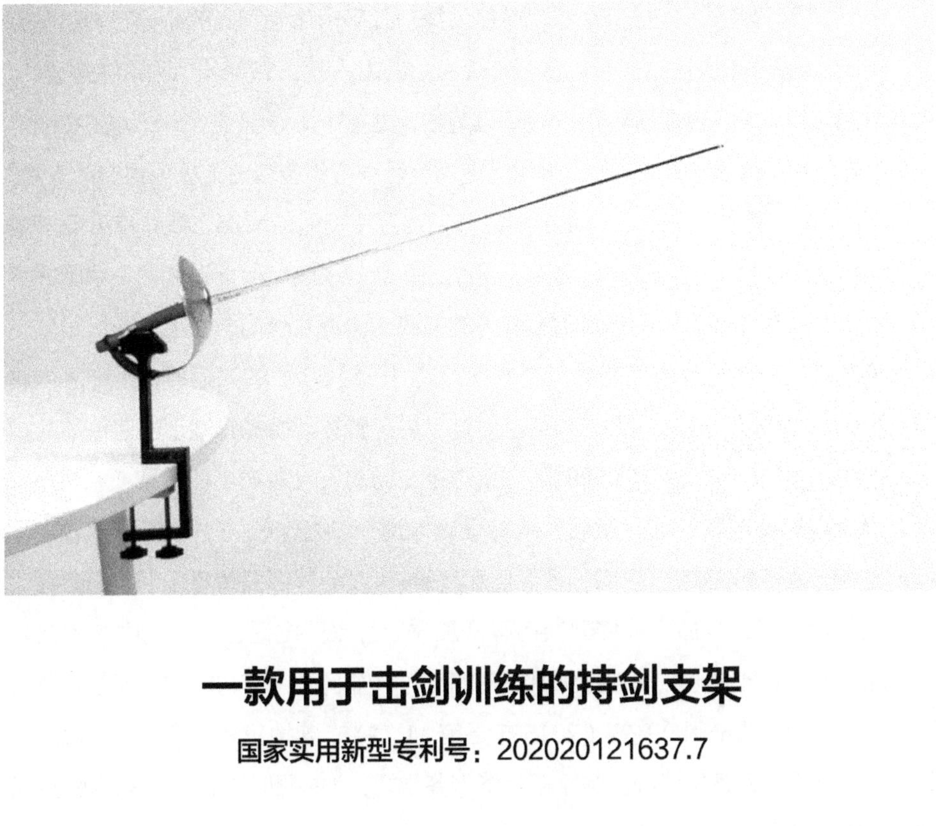

一款用于击剑训练的持剑支架

国家实用新型专利号：202020121637.7

缘起，写在前面的话

凡世间事，总是因缘聚合而得以有所成，本书也不例外。

2015 年仲夏，我们的击剑教育中心编辑整理了一本《中国好学子——一种正在悄然复兴的新击剑教育》，书稿分为五章，第一章学子篇，第二章学剑篇，第三章剑与教育，第四章剑与文化，第五章剑与企业培训。

一代奥运名将，20 世纪 80 年代曾经鼓舞了几乎全体中国人的《扬眉剑出鞘》（1978 年刊登于《人民日报》，作者：理由）的主人翁，1984 年美国洛杉矶奥运会为中国夺得女子花剑金牌的击剑冠军栾菊杰，是《中国好学子——一种正在悄然复兴的新击剑教育》这本书中中国击剑历史乃至亚洲击剑金牌史上极为重要的人物。

2015 年仲夏的一个上午，在中国江苏无锡这座美丽的城市，我有幸见到了曾经在青年时代鼓舞过我们的一代名将栾菊杰，并恭恭敬敬地递上了我们《中国好学子——一种正在悄然复兴的新击剑教育》的书稿，请她为我们做些宝贵的指导。

而初次见面震撼到我们的是：在现场，其时已经 58 岁的栾指导，正穿了击剑训练服，让学员以车轮战的方式与自己对打，进行着教学指导！她那快速移动的步伐，敏捷的出剑动作，坚定果断的防守反击令在场的人叹为观止！

当栾指导知道我们的来意后，她却谦虚地说："为你们的书做指导不敢当，但毕竟我一辈子都在搞击剑,有很多经历和经验,可以给你们提些意见供你们参考。"

大约两周后，我惊喜地接到栾指导从加拿大打来的电话，在电话中她邀请我远赴加拿大，实地看一看国外击剑俱乐部的运作，并且全程参与加拿大阿尔伯塔省以她的名字命名的击剑公开赛（2015 年是第 11 届），实地了解加拿大以及北美地区学生击剑活动的开展情况。她希望我能借鉴学习，为中国国内的击剑教育特别是青少年击剑教育做些有益的尝试。

2015 年 11 月 19 日—11 月 26 日期间，我是如此有幸，得以近距离地和栾指导以及她的家人、学员、俱乐部的助理教练成员、志愿者群体进行了广泛地接触。

她的故事，从 1978 年的《扬眉剑出鞘》开始，就像一朵美丽的浪花，沿着家乡的小河流淌，一路奔腾来到长江，来到太平洋，来到这整个世界无限宽广的海洋……

于是我决定，要和栾指导一起，完成一本有关她和她的击剑教育事业的书，将她的多得难以计数的学生的故事与更多的读者分享。本书不是一本供击剑职业运动员专习的专业级击剑专著，而是一本大众习剑者的初级入门级击剑读本。

每位大众习剑学员可以从本书奥运冠军的事例里明白，如果您的习剑目标是成为一位奥运冠军，那可不容易！非得职业击剑运动员或投入如职业击剑运动员相当的时间才有可能。按此标准，您至少必须投入十年磨一剑的辛勤付出，如此说来即意味着您在十岁左右到二十岁左右的生活，必须是完全以击剑为重心，以当下中国的中小学初高中学生阶段作业之繁重之多再加课外补课之多，您既想完成学业又想全力以赴习剑，以追逐您想成为一名奥运冠军的梦想，似乎这本身就是一个难度丝毫不亚于拿下奥运冠军的挑战。当然，您若确有远大梦想，谁说一定不可以，因为一切皆有可能，您可以选一个中小学课后作业不那么繁重的国家去读中小学，您才是自己梦想的主人和主宰！

您若是一位普通习剑爱好者，那本书不仅让您领略中国首位击剑奥运冠军的夺冠经历和拼搏精神；也让您了解击剑运动最基本的通识；您也可以根据本书上的建议，进行自我练习，更可以以业余剑客的身份参加国内外击剑俱乐部的联赛邀请赛；既切磋了剑术又广交中外朋友。当然，参赛前，请认真阅读本书中有关比赛规则，尤其是一些您平时忽视的比赛处罚规则，以免在比赛中被警告甚至罚分。

如果您是一位在校学生，那么本书中那些学生的习剑故事和他们真诚的分享文字，必将带给您有益的借鉴和启示。

普通大众如果想打乒乓，只要买一副乒乓球拍和乒乓球，找面墙或台子就可以开始；如果想打羽毛球，只要买一副羽毛球拍和羽毛球，找个伙伴就可以开始；如果想练拳击，只要买一副拳击手套和拳击沙袋就可以开始；如果想练击剑，其实一样，您只要买两把剑和一个持剑支架就可以开始！

凡事只有开始，才有未来无尽的可能！

好了，我们奥运冠军绝不平凡的传奇故事马上开始！

一生击剑，情系奥运！

——菊杰与国际奥委会主席托马斯·巴赫

现任国际奥委会主席托马斯·巴赫先生在不同的场合多次演讲中诠释体育的价值和意义时，都一直形象地强调“要让更多的人，尤其是年轻人离开电脑和沙发”。

巴赫先生在访问中国期间，曾经在南京体育学院图书馆的报告厅里引经据典：“很早之前的古罗马人说过，一个健康的身躯加上一个健康的态度，才是最好的生活。”

“超过 3000 年之前，中国道家的人也号召弟子们练习武术、锻炼身体。定时地健身运动，不管是对学习还是对生活，都能够让年轻人的成功率更高。”

巴赫先生甚至知道中国家庭以独生子女为主的国情，他认为孩子被家庭寄予了太多的希望，所以更加需要锻炼身体，这样才能在学习中取得更大的进步。

2014 年青年奥运会期间，中国南京体育学院特意邀请巴赫先生作为颁奖嘉宾，为从这里走出的奥运会冠军们颁奖。当时第一个走上台的就是 1984 年洛杉矶奥运会击剑金牌获得者栾菊杰。结果，两位奥运会击剑界老熟人在台上满脸笑容地寒暄了好几句。

巴赫先生青年时期曾经是一名优秀的击剑运动员，获得过 1976 年蒙特利尔奥运会男子花剑团体冠军。菊杰说：“我和巴赫应该说在运动员时代就是朋友了，我们一起训练过，比赛期间总能碰到。他很早就认识我，因为那个时候亚洲差不多就我一名高水平的击剑运动员。”

从颁奖台下来后菊杰透露：“巴赫先生问我，这次在中国南京要待多久，是不是有时间一起吃顿饭。很不巧，我很快就要离开了，所以很遗憾没时间。”巴赫还询问了菊杰的情况，菊杰告诉老朋友：“2008 年北京奥运会之后，肯定是我最后一次参加奥运会了。不过，我们可以一起参加老年世锦赛。”听闻此言，巴赫笑着说：“那我们都要加油……”

这是两位世界级奥运击剑冠军一生的奥运情最真实自然的流露。

目录

第一篇

第二篇

第三篇

第一篇

一枚金牌惊艳世界

1984 加冕奥运之冠 中国击剑选手栾菊杰 LUAN JUJIE

2015 年 11 月 20 日中午，经过总共大约 15 小时的飞行，我们从中国上海浦东国际机场经加拿大温哥华转机，抵达埃德蒙顿机场。又经过大约 45 分钟车程后，我们来到了菊杰执教已经整整 26 年的埃德蒙顿击剑俱乐部。

埃德蒙顿击剑俱乐部

众所周知，加拿大位于北美洲北半部，东临大西洋，西濒太平洋，北滨北冰洋，西北部邻美国的阿拉斯加，南界美国本土。从东到西，加拿大横跨六个时区，是世界上海岸线最长的国家，南部与美国接壤，国境线长达 8892 公里。加拿大境内多枫树，每到秋天，满山遍野的枫叶或呈橘黄，或显嫣红，宛如一堆堆燃烧的篝火，因此加拿大有枫叶之国的美誉。

菊杰所在的埃德蒙顿是加拿大阿尔伯塔省的省会。

阿尔伯塔省是加拿大最富裕的省份之一，经济支柱为石油开采和加工。同时阿尔伯塔省与隔邻的萨克其万省、曼尼托巴省经常又被合称为“草原三省”，是加拿大重要的粮仓，此地区畜牧业与农业发达，加拿大近半数的牛肉产自阿尔伯塔省。

阿尔伯塔省专科以上的教育系统据说由 25 所学院组成，其中包括 4 所大学和两所理工学院，省内有一半的就业人口拥有大学学位或专科以上教育文凭。无论是阿尔伯塔省政府还是省内的教育机构，都非常重视加强与中国方面的合作。在飞往埃德蒙顿机场的航班上，我畅想的是中国国内的击剑教育如何向国际击剑界学习，如何让中国的青少年参加国际上的击剑夏令营，以及将来和加拿大教育机构之间的合作……

透过机窗向下望去，一望无际的山峦中隐约可以看到白色的积雪，而山体整体上透着一种像金属的黑亮色。似乎难以看到森林，即使有也应该是低矮的灌木吧！随着飞行的航向，有时也能看到水系湖泊的样子。看来如果想要尽情领略落基山脉的壮美风光，还是需要近距离驱车、骑马或徒步才行。

据说大自然赋予了加拿大落基山脉如梦如幻的风景。阿尔伯塔省西部群山林立，鬼斧神工的山脉、风景优美的国家公园、翡翠般的湖光、迷人的村庄和一望无际的原野，使这里成为了世界一流的旅游胜地。对于游客来说，落基山脉是国家公园的代名词——这里有班夫、贾斯珀两大旅游设施完备的国家公园。在其他地方，还有一望无际的原野——人们可以通过骑马、徒步、骑车、木筏、直升机等方式展开探索之旅。

奥斯卡得奖影片《断背山》的湖光山色，就是在阿尔伯塔省南部落基山脉山麓取的外景。

菊杰所在的埃德蒙顿市，面积将近一万平方公里，城郊人口约百万。英语和法语为加拿大的官方语言，在埃德蒙顿讲英语的占 90%，讲法语者为 7.5%。埃德蒙顿位于阿尔伯塔省中部，这个省的主要经济来源是石油和天然气，其工业产值约占全国的一半。近两年国际能源产品价格大幅下跌，当地也受到不少影响。埃德蒙顿的工业以食品加工和石油加工为主，市民的家庭收入在全国也是很高的，这一点与多伦多相似，其家庭的年平均收入为 56000 加元（约 28 万人民币）。

埃德蒙顿四季分明，夏季昼长夜短，白天长达 17 个小时。7 月至 8 月的平均气温白天为 22.5 摄氏度，夜晚为 9 摄氏度至 10 摄氏度，全年日照时间为 2300 小时。我所到的这一天，虽然气象预告说有零下 8 摄氏度，但感觉上并不太冷。在埃德蒙顿有两份日报，一份是《埃德蒙顿日报》，另一份是《埃德蒙顿太阳报》。另外还有 6 家电视台和 17 家广播电台，这些通信网可以覆盖阿尔伯塔省中部和北部地区。埃德蒙顿在 1994 年就开通了互联网，当地的法语新闻广播主要来自 CBC。

埃德蒙顿是阿尔伯塔省会，地处其中心地区，以丰富的文化脉动、历史环境，雄伟的博物馆及长如花名册般的节庆活动而著称。作为中国人，如果您喜欢购物，那么人气最旺的莫过于西埃德蒙顿购物中心，它还新添了海狮岩景观。这座横跨 48 个街区的巨型复合体有如一个王国，在这里你可以尽情购物消费，因为阿尔伯塔是唯一不课省税的省份！

我抵达的前几天，菊杰刚带领学生参加完在法国举行的比赛回来。我们一到俱乐部，看到她正在俱乐部整理器材呢！

“您好！莫老师，欢迎欢迎，一路上顺利吧？”她热情地和我打招呼。

“谢谢，挺顺利的！谢谢您的邀请，让我有机会来学习！”

“不客气，只要对中国的击剑教育有一点点帮助，我就很开心。”

“莫老师，下午我有课，一会儿学生们就会来，是附近一所小学的学生，由他们的老师带队过来，我没有时间接待你，不过你也刚好可以近距离观摩下我们的加拿大埃德蒙顿击剑俱乐部的上课形式。”

“好，太好了，谢谢。”

不一会儿，大约 30 名学生在他们老师的带领下来到了击剑俱乐部。

“我几乎每天都这样忙碌！”菊杰朝我说了句，就开始带领孩子们正式上课了。

晚上，坐在菊杰家的沙发上，对面的墙上挂着一帧书法作品，写着“东方第一剑”。我打开记录本，开始聆听她的传奇故事……

故事中的她，宛如中国最著名的江苏民歌里那一朵美丽的茉莉花，也仿佛一朵世界女子击剑之花。她的第一次绽放就如此鲜艳，如此夺目，如此惊心动魄，让人难以忘怀。

東方第一劍
菊杰大姐惠存

1978，扬眉剑出鞘！

一辆闪着红十字标记的救护车和两辆小汽车，驶出马德里体育宫，沿着公路向前疾驰。

这是1978年3月26日的晚上，透过车窗望去，西班牙的首都沉浸在深蓝色的夜幕里。朦胧的建筑物、晶莹的喷泉和闪烁迷离的灯光从窗外一晃而过。马德里初春的夜色清凉如水，而车里人的心情却灼热、焦急……

汽车停在一家医院的门前。

鬓发斑白的西班牙击剑协会主席和中国青年击剑队教练员庄杏娣，簇拥着一个年轻的中国女运动员，直奔医院的急诊室。击剑协会主席找到医生，用西班牙语急切地讲述刚才发生的事。他一边说，一边打着手势，又跷起拇指，朝姑娘晃个不停。

姑娘的左臂上包扎着绷带，她叫栾菊杰，还不到二十岁。身材修长，亭亭玉立。红润的脸颊，红得像一朵山茶花。眉眼俊气，一副清秀的江南女孩子的模样——在她的身上，找不到一丝好武斗勇的特征；恰恰相反，还显得有几分稚嫩。

医生解开缠绕在她左臂上的绷带，嘴里发出“啧啧”的惊叹声。映入人们眼帘的有两处伤口。那是一柄钢剑折断之后，被断裂的锋茬刺穿的。伤口透过皮下的肱二头肌，鲜红的血在向下流淌。内侧的伤口刺开了花，粉红的肌肉向上翻卷着……

击剑作为一项体育运动，从来有益于增强体魄而无损于健康。竞赛规则的保障，进攻武器的限定和防护装备臻于完善，使双方运动员的人身都很安全。自1913年成立国际剑联以来，在比赛中像这样的事故极为罕见。这只鲜血淋漓的手臂，仿佛向人们诉说着一场凶猛的搏斗……

击剑被视为欧洲的传统项目。从斯巴达克斯的角斗，到中世纪的风流骑士，都把击剑当作一门格斗技术，此后火器取代了冷兵器，击剑仍作为一项体育运动在欧洲世代相衍。国际剑联成立后的77年中，历届世界比赛的前列名次，全部被欧洲的选手垄断；从来没有一个亚洲选手，哪怕是取得一次进入决赛的权利。近十年来，苏联的选手侧目欧洲，雄峙剑坛，几乎囊括了所有的奖牌和奖杯。

我国的剑术虽有悠久历史，后来演化为一种矫健而优美的造型艺术，但跟对抗性的欧洲击剑不同。对抗性的击剑运动，在我国是20世纪50年代中期才引进的。这株体育园地的新苗，在它短暂的生长期中几度风霜，两次被砍去，主要在于其“洋”。1973年，击剑项目又恢复了。我们这个真实故事的年轻主人公，就是那时脱颖而出，踏上剑坛的。可是她习剑不久，体育界又刮来一阵邪风。“四人帮”及其余党歪曲“友谊第一，比赛第二”的革命口号，把严肃的事业变成浅薄的空谈，把祖国的荣誉当作轻率的儿戏，拿革命英雄主义的锦旗去擦桌子，以在黑板报上写一篇“帮”云亦云的批判稿代替在训练中出几身汗水。一时取消比赛，取消名次，取消集训：“洋”的不要，“中”的也不要。我们的体育受到的内伤，比通常见到的运动生理创伤更难痊愈。栾菊杰算是幸运的，她所在的江苏省击剑队是一支刻苦训练的劲旅，但是孤掌难鸣，得不到向兄弟省市学习交流的机会。1977 年初，栾菊杰第一次出国比赛之前，国内已经将近一年没有举行全国性的集训和比赛了。那次她去奥地利参加第 28 届世界青年击剑锦标赛，还没进入半决赛就被淘汰，只得了个 17 名。这个成绩是可以预料的，我国体育的严冬季节刚刚过去，元气尚未康复，而栾菊杰毕竟也还缺乏经验。

然而，那次有一件事是不能忘却的。在各路选手云集的练习场上，栾菊杰曾经主动邀请欧洲某个国家的选手练剑习武，对方却耸了耸肩膀，显出不愿耽误时间的样子，姑娘的心被重重地刺疼了。我们是为友谊而来的，友谊的基础是互相敬重，但在世界这个小小的角落里，在那个特定的剑坛上，我们没有得到应有的敬重，没有获得更多的友谊。民族情操是体育运动的血液，殷红的血液不容亵渎，麻木者沉沦，知耻而后勇。姑娘倚剑站在那里，嘴唇在剧烈地颤抖！

这就是我们故事的真实背景。

光阴流水，又是一年。1978年3月第29届世界青年击剑锦标赛在西班牙举行。前一天，当栾菊杰站在马德里体育宫的大厅里，臂佩金光闪闪的国徽，把剑柄竖在面前，高高地扬起剑尖，按照一种古老的、庄重的礼节，向观众和各国运动员致意时，她并没引起人们特别的注意。人们把传统的目光，转向欧洲剑坛的几颗新星去了。

女子花剑比赛一交手，场上发生了奇异的变化。栾菊杰以一种清新的姿态，出现在击剑台上，挺身仗剑，锐不可当。在前三轮的小组比赛中，她一共打了 14 场，赢了 12 场。进入半决赛以后，强手云集，猛将相逢，都是些打出来的拔尖人物。而栾菊杰愈战愈勇，竟以 1 ：8 的压倒优势，击败了上届亚军、苏联选手蒂米特朗。暴雨似的进攻，旋风似的结束，看台上欢呼呀，蹦跳呀，惊愕的叹息和沮丧的号叫呀，整个剑坛被轰动了！

亚洲朋友围住中国领队李春祥，兴奋地说：“这不仅是中国的光荣，也为我们亚洲人争了一口气！”

从上届比赛到这一届比赛，她的步子跨得太大了。人们甚至来不及回顾她，品评她……

决赛前的马德里体育宫大厅，气氛活跃而紧张。参加决赛的各国击剑队也许正在紧张地调整战术吧，在疾风吹皱的波光浪影中，有一处是很平静的，那就是中国青年击剑队的临时休息地点。栾菊杰身穿玫瑰色的运动服，躺在深褐色的橡胶地板上，恬静地睡着了。身旁放着头盔、手套和她的剑。决赛将在晚上 7 点开始。我们还有一些时间来研究她、思索她身上发生的变化……

让我们把视线对准她身旁的那支剑吧。一把好剑，应该是坚韧的。哓哓者易折，而足够的刚度和韧度，要在锤炼中获得。一个运动员也是这样。

为了认识她，认识一下她的家庭是蛮有意思的。小栾出生在南京市，父母都是工人，和我们所有的工人家庭一样，生活充实而愉快，只是父母孩子生得多些，一共七个，前六个是女儿，最小一个是男孩，她是老二。这样的家庭让孩子去搞体育有为难之处：跑跑颠颠的孩子吃得比大人还多，衣服磨损快，鞋子也破得快。但她的父母对体育很热心，在我国千万所业余体校的学员家长当中，这个家庭是难能可贵的：墙上贴满五十多张奖状，那是老大、老二和老三从运动会上拿回来的，父母引以为豪。他们替下一代想得多，宁可自已节省一点，也要让孩子锻炼得结结实实，同时又不放纵孩子。老二很懂事，样样家务都能干。读书（她是三好学生）、练剑，回家还要带弟妹。她爽朗、乐观、发愤、刻苦。她的才能在击剑运动中得到发挥。习剑刚刚四个月，参加一次全国比赛，就名列第二。三年之后，披挂多年的老将退出赛场，她便名列全国第一。自然，这个奇迹般的纪录也反映出我国剑坛当时青黄不接的状况……

她 1977 年参加奥地利的比赛归来，教练员向她提出一个问题：“小栾，你好好总结一下，为什么没能进入半决赛？”

党组织告诉她，不能光从客观上找原因，现在的条件好多了，自己得发愤图强。

条件的确太好了！这一年，我们的祖国驱散阴霾，晴空万里，体育战线又焕发出新的活力。客观条件改变了，主观条件上升到矛盾的主要方面。有人意识到这种变化，纵身到时代的中流去击搏；亦有怨天尤人的，徜徉在时代激流的岸边。你做哪一种人？

她发愤了，发狠了。

这一年国内比赛频繁。集训、比赛，再集训，每一次都取得了成绩，也暴露了问题。看清自己的弱点才谈得上去克服它。她的打法单调，常搞一锤子买卖；她的爆发力差，一剑打不“死”对方。为了锻炼爆发力，她每天奔跑在紫金山麓。变速跑，加速跑，规定跑五圈，她跑八圈、十圈。脚踝扭伤了，她咬着牙跑了一个多月，直跑得右腿变形，才想起去医院打“封闭”。“封闭”了又跑，跑坏了又“封闭”。这种严酷的训练并不见之于体育经典，后来却帮了她的大忙。要想突破现代体育的“禁区”，回避负伤的问题是不可能的。无病呻吟，小病大养，只能望洋兴叹。她奔跑着，默默忍受伤痛的折磨，锻炼顽强的意志。她奔跑着，清秀的脸上淌下了小溪般的汗水。同伴们风趣地说：“瞧，她练得跟一头野牛似的！”

她的教练员庄杏娣和文国刚，都是十几年前我国剑坛的风云人物，如今向新秀们贡献出自己的心血和技艺的结晶。文教练指导她改进手上的动作，击打刺，交叉刺，转移刺，对抗刺，第一战术意图过渡到第二战术意图，学一招，用一招。她的进步不小，稳定地前进，稳步地上升，从不大起大落。可是，就在这次来马德里之前，她变得不稳定了，一次集训比赛当中，比分直线下跌，轻易输给对手。集训队批评了她，她惊愕、迷惘、内疚；眼睛哭得红红的，又瞪着红肿的眼睛走上了剑台，把对手打下去，重又保持了“稳定”。一支风纪严明的运动队，就像是一座熔炉，她的剑锤锻了再锤锻，在这次预赛中初露锋芒。这把剑，现在就放在她的身旁……

决赛前的小栾，睡在马德里体育宫的地板上，觉得有点发凉。她揉了揉眼睛，一骨碌坐起来了。

“睡着了吗？”坐在她身旁的翻译同志问道。

“还做梦呢。一闭眼就梦见我在打。一打就是我赢！”

翻译也笑了：“真的，白天你赢了好几场了。”

她说：“还没赢够呢。来马德里之前，我想能进入半决赛就不错了，进入半决赛，又想挂上一个小六儿（第六名）。现在小六儿是稳拿了，我又在想……”

“你在想什么？”

“我想把五星红旗升上去！”

翻译高兴得跳起来：“太好了，这回就看你的啦！”

小栾急忙拉住她：“这件事我们两个知道就行了，不要再去对别人说呀……”

激战前运动员的心理，仿佛奏起一支奇妙的乐曲。回荡在她心中的既有轻松舒展的基调，又有激越高亢的旋律，摆脱了个人胜负的羁绊，喷薄着为国争光的热忧。运动员的心里响起这样的和弦，就说明正处于最佳竞技状态。

晚上7点，决赛开始。大厅里的观众比白天骤然增多。按抽签决定比赛排列顺序，栾菊杰将和苏联的扎加列娃对阵。这对双方都是一场关键性的比赛。看台上的气氛上升到白热化。

小栾穿一套紧身的白色击剑服，扎一件金属丝织的背心，携盔持剑，登上赛台。在大厅中乳白色的灯光辉映下，她一身洁白。

裁判员发出“预备”的口令。

击剑运动要求双方在一定的时间和空间里，按照一定的姿势进行搏斗。进攻、防守、绝对速度、相对速度、脚下的腾挪闪躲，手上的千变万幻，全都凝集在一个目标，把剑刺向对方的有效部位。当然不是为了把对方刺倒在脚下，而是为了使自己在无数次的刺击中变得更加坚强。挥舞在运动员手中的那把剑，不停地解剖着对手的性格，也向对手描绘着自己的性格。荟萃于运动员身上的思想风貌，长年累月的训练成果，刹那间就能撞击出火花，有形或无形的火花，灿烂夺目或暗淡失色的火花……

裁判员发出“开始”的口令。小栾轻捷地跃进几步，挥出剑去，在对手面前晃了几晃，对方举剑相迎。这是一种互相挑引的动作，两道剑光翩然缠绕，仿佛在空中画着问号，都在试探对方的虚实。小栾越逼越近，对方一直退到“警戒线”上，出现短暂的相峙，小栾奋臂挥剑，“啪”的一声，把对方的剑向外一击，剑尖威胁着对手的胸部。对方本能地把剑向内拨去，做出防守动作，这正是小栾所预料的。她连续转入第二战术意图。趁对方头一个防守动作还没完成，一抖腕子，把剑抽了出来，那剑在空中划出一个扇面形，从内侧绕到外侧，指向对方暴露出来的空当。同时弓步上前，飞剑直刺。这一连串娴熟细腻的剑法，伴随着力度、幅度、深度、精度，刹那间爆发出来，如灵蛇吐焰，银光一闪，正中对方的腹部。

裁判台上，表明扎加列娃被刺中的彩灯霍然亮了！

看台上高声喝彩。

苏联选手刚一上场就受挫，焦躁地在台上踱着步子。

比赛重新开始。小栾继续争取主动，越过中线，挺剑前进。她透过面罩观察，对方那雪亮的护手盘在不停地翻转，两条腿在强悍地跳跃着，这表明对手也在伺机进攻。小栾毫不迟疑，冲开对方的门户一剑刺去。就在她抬腿举剑的瞬间，对方突然大喊一声，凶猛地扑上来，双方几乎要迎头相撞了。小栾的左脚落地以后，对方的脚也踏下来，踩住她的脚面，对方的剑刺在她左臂上方的无效部位。这一剑刺得太狠了，剑身像蛇一样的拱曲，又形成僵硬的直角，弹簧钢制成的剑身也承受不住这样剧烈的变形，发出刺耳的断裂声。折断的剑头约有 20 厘米，飞迸出去，落在击剑台上。对方的半柄断剑依然在手，剑头失去了安全装置，而对方由于惯性作用，全身的重量还在向前运动。这时，小栾的左臂传来一阵电击般的感觉，待她收回自己的动作，左臂已经麻木了，僵硬了……

铺设在场地上的电路装置传出指示讯号，裁判台上同时亮起两盏白灯，表明双方都刺在无效部位。

这“无效”的一剑比有效的一剑造成的后果更严重。小栾恰是左手握剑的，她低头看看左臂，两层的确良卡其的击剑服被刺穿四个洞孔。她试着抡了抡胳膊，觉得像铅一样的沉重，伤势显然不轻……

刚才击刺的速度太快了，坐在台下的我国领队和教练，坐得更远的各国观众，都没看清刚才的细节，唯有小栾知道自己的伤痛。这时，如果她要求下场检查伤势，脱下击剑服，袒露手臂，那幅情景是目不忍睹的，我们已在前面真实地描绘过。她肯定会得到人们的同情，还会立刻得到精心的救护。她完全有理由那样做。如果她那样做了，别人也会请她中止比赛，善意的或强制的，那是可以想见的结果。但是，参加决赛的中国运动员只有她一个，她肩负着祖国的荣誉。她看到眼前是一场真正的战斗，严酷的战斗。她的心里重复着几句话：“千万不能叫人知道我受伤了。只要能把五星红旗升上去，让我去死也干。拼，拼了！”

啊！多么纯真的思想，多么可爱的品格！这就是我们一个不到二十岁的姑娘，站在欧洲的击剑台上，经过独立的判断，迸发出的心灵火花！忍受着巨大的伤痛，凝结着战士的情操，超越了击剑运动本身的含义。我们应该为有这样光芒四射的年轻一代而骄傲！

扎加列娃又换了一把剑走上来，比赛接着进行。

栾菊杰左手握剑冲上前去。精力高度集中的人，是能够创造生理上的奇迹的。她的脑神经坚定地指挥着臂神经，心脏忠实地向血管里输送着血液，肌肉顽强地履行着自己的职责，技术水平表现得十分稳定。“来如雷霆收震怒，罢如江海凝清光。”千百双眼睛睽视着她，居然看不出她有一丝受伤的样子。当她刺出决定性的一剑时，欢腾的风暴从大厅上空掠过。同志们闪着湿润的笑眼向栾菊杰拥了上来，栾菊杰以 4 ：5 战胜了苏联选手扎加列娃。这是无言忍受伤痛取得的光辉战绩，4 ：5 可以描绘场上的现象，怎能描绘姑娘深沉的内涵？祖国啊，你的女儿用鲜血浇开胜利的牡丹，为你赢得了一剑！

小栾刚坐下来，一个同伴发现了她击剑服上的穿孔：“呀，你受伤了，脱下衣服看看吧……”

“不看，不看。没时间了！”

眼前还有四场鏖战在等待她，她又携剑上场了。

栾菊杰勇挫扎加列娃之后，斗志正酣。可是，在对法国的拉特丽那和对意大利的伐加罗尼两场比赛中，我方出现了两次器材故障。我们国产的击剑器材生产技术和我国的击剑项目一样的年轻。我们涌现出优秀的击剑运动员，一时还没有堪与媲美的击剑器材。特别是它的电路装置，一会儿灵，一会儿不灵。裁判员为了检查故障，比赛中断了 20 多分钟，并且先后判罚栾菊杰失去两分，原因是耽搁了比赛的时间。

小栾又何尝愿意耽搁时间？她在这 20 多分钟是怎么度过的，别人想也难于想象，随着时间的拖延，她的伤势在恶化。左臂麻木的感觉消失了，一阵阵发热，又黏又湿，这是因为流血引起的，也是剧痛发作的征兆。她以 5 ：3 输了拉特丽那，又和伐加罗尼对阵，这时她的情绪下降到低点，而臂上的伤痛却发作到顶点。

小栾的动作失去常态，看台上一片嘈杂。

“小栾！抬剑过高，抬剑过高！听见了没有？”几个年轻的中国女运动员焦急地站起来，大声呼喊着。

她听得清清楚楚，可是手上的剑不听控制，左臂一阵阵痉挛似的疼痛。我们的姑娘是倔强的，她决不肯就此罢手。她咬紧牙，用浑身的力气瞄准对方刺去，手臂在空中伸出一半变得发飘了，这一剑又落空……

看台上传来一阵惋惜的叹息。

她以 5 ：2 又输了一场。当她回到自己的坐位上时，喉咙哽咽着，晶亮的泪花在眼窝里转动，禁不住夺眶而出。她赶快拉过一条毛巾，悄悄把脸遮住……

教练员庄杏娣坐在她的身旁，领队李春祥也走过来。他们并不知道小栾在场上动作失调是伤势发生作用，只当是因为器材故障罚掉的两分破坏了她的情绪。用什么安慰我们的姑娘呢？

器材方面的问题不用去多想，那暂时是一个事实，最终都能靠人的条件去改变（这个条件正在改变，后来上海某厂的同志听到消息，决心在几个月当中攻克它）。

下面还有两场比赛，眼前的处境虽很艰难，为祖国夺取荣誉的希望仍然存在。还是多想想迫在眉睫的战斗吧。

激战临前，烦琐的解释会分散运动员的注意力；稍加压力也将收到完全相反的结果。教练员最熟悉姑娘的脉搏，像地质队员熟悉埋在大地深处的矿藏。应该用最少的语言，敞开心的窗子，让流动在她身上炽热的熔岩宣泄出来！

“小栾，器材不是你的问题，别去想了。”教练员亲切地说，“想想我们离开北京的日子吧，还记得吗？”

小栾揩揩脸颊上的泪水，放下了毛巾。

记得，当然记得。一丝清爽的风，吹去心头的云翳，唤起明亮的回忆。啊，那情景就像昨天发生的一样……

栾菊杰随中国青年击剑队离开北京的前夕，正是第五届全国人大胜利闭幕的日子。首都到处是人的海、花的海、旗的海……即将出国比赛的小栾，像一滴幸福的水珠，被沸腾的海洋融化了。八亿人民踏上锦绣的征程，向着四个现代化，向着21世纪！这一切，在小栾的心里激起多么美好的憧憬。体育也要现代化，“禁区”也要闯一闯。当时她激动地说：“这次去马德里，我决心打出好成绩，打出中国人民的志气来！”这是她说过的话，也是鼓舞她在预赛中勇闯三关的动力，难道现在能够动摇吗？

“要顽强！”“咬住打！”“为祖国争光！”

小栾站起来了。耳边如闻声声战鼓催征，心中凛然溅起千尺飞瀑！一股豪迈的感情激流涌遍全身，左臂上的伤痛被这股奔腾的激流荡涤了，消融了。她扬眉挺剑，再次登上赛台。先以 2 ∶ 5 战胜了法国运动员特安盖，又以 4 ∶ 5 击败西德运动员比肖夫，荣获第 29 届世界青年击剑锦标赛亚军。马德里体育宫的大厅里冉冉升起鲜艳的五星红旗，这是从国际剑坛升起的第一面五星红旗！

当栾菊杰走下击剑台时，已是她受伤后的两个多小时，鲜血浸透了雪白的征衫。同志们这时才发现她伤势严重，催促她把击剑服脱下来。各国运动员也纷纷围拢过来。

无数双眼睛——金黄的、碧蓝的、黝黑的，同时注视着这条受伤的手臂，各种语言发出同声惊叹！

科威特朋友向栾菊杰赠送一个银光闪闪的盘子：“把这个银盘子赠给本届比赛中最勇敢杰出的人。”

法国记者发出消息：“栾菊杰博得了所有人的钦佩。”“毫无疑问，天赋灵巧和敏捷的中国人，对击剑运动是有才能的。”

本届比赛与上届相比，风景迥异。中国击剑队所到之处，各国朋友频频祝贺，声声慰问。我们赢得了应有的敬重，我们获得了很多的友谊！

外国朋友在赞扬之中，时时带着“意外”这个词汇。

意外吗？这是情理之中的意外。一年啊，在历史的长河中只是短暂的一瞬；但在这一年里，祖国焕发了健壮的容颜和肌体，八亿人民扬眉吐气。作为体育战线一名普通战士的栾菊杰，她的剑脱鞘而出，凝聚着祖国的灿烂霞光！

我们为霞光而歌唱！

霞光绚丽的祖国，拥抱了胜利归来的英雄儿女。国家体委发出了学习栾菊杰同志先进事迹的通知。姑娘的家乡江苏省和南京市给予她凯旋式的欢迎。

一个运动员荣获银牌和奖杯，接下荣誉的果实，也播下考验的种子。栾菊杰还很年轻，她将怎样回答？

愿霞光永远在她青春的剑锋上闪耀！

1978 年 5 月于南京 作者：理由

此文于 1978 年 5 月一经在《新体育》杂志发表，6 月在《人民日报》和新华社全文转载，一夜之间，栾菊杰这个名字被那个年代的工人传颂着，农民传颂着，解放军传颂着，老师传颂着，大中小学生传颂着。

霞光绚丽的祖国，拥抱了胜利归来的英雄儿女。国家体委发出了学习栾菊杰

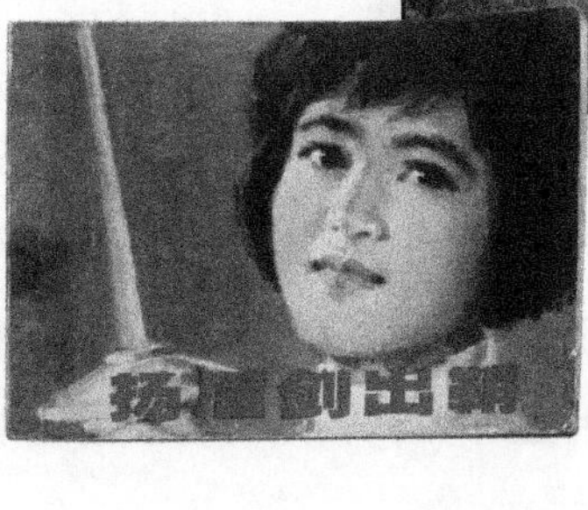

同志先进事迹的通知。姑娘的家乡江苏省和南京市给予她凯旋式的欢迎。

一个运动员荣获银牌和奖杯，接下荣誉的果实，也播下考验的种子。栾菊杰还很年轻，她将怎样回答？

小朋友正在看当年的小人书《扬眉剑出鞘》《碧血凝剑》

时光来到 1980 年第 22 届奥运会的前夕，本届奥运会的举办国是苏联，举办城市是莫斯科。中国国家运动队的各路人员正在做最后阶段的积极准备；国家队教练组所有人都在重点关心栾菊杰，鼓励她为奥运会拼搏做最好的准备；栾菊杰更是积极准备，一刻都没有放松，她要用最好的成绩来回答人们的好奇与疑问，来回报给予自己无上荣誉的祖国和人民。

正如读者您今天所见的，世界错综复杂，国际形势瞬息万变；其实人类生存的世界从来就没有安定和平静过。

历史上的 1979 年 12 月 27 日晚，苏联经过精心准备，采取突然袭击的方式，空运大批军队完全控制了阿富汗首都喀布尔。随后，早已部署在苏阿边境的苏军长驱直入，占领了阿富汗的主要城市和交通干线。

国际舆论强烈谴责苏联侵略行动。1980 年 1 月，联合国全体紧急特别会议通过要求苏军从阿富汗撤军的协议。同时，为抗议苏联公然出兵阿富汗的行为，美国、英国、法国、加拿大、德国、日本等 64 个国家和地区一起抵制本届莫斯科奥运会。

1980 年的 5 月，春暖花开，正在积极准备的中国奥运代表团，等来的不是踏上征尘的锣鼓，而是取消参赛的通知。

这一年，我们的栾菊杰 22 岁，正值运动员的最佳年龄。

失望和遗憾的心情是免不了的。虽然栾菊杰是国家体育总局号召大家学习的榜样，是一名三八妇女红旗手，但她也是一名普普通通的青春少女啊！一心想为祖国争光，奥运会却没打成，更为不幸的是，在这一年的随后日子里，栾菊杰遭遇了人生的困境。因为训练过度劳累以及那个年代的运动员营养水平跟不上，栾菊杰得了急性肾炎。

“不知道自己还能不能撑到四年之后，时间好长啊！”当运动员宿舍里只有她一人独处时，惆怅的思绪却怎么也克制不住地涌上心头。

“四年，别人一个大学都念完毕业了！可是，自己呢？怎么办？”

菊杰原来同学中的佼佼者都考上大学了，成了一名当时人们眼中、邻居口中令人羡慕的大学生。晚上，击剑队训练结束，同伴们陆陆续续离开了训练馆；对着空空荡荡的剑道，一侧墙上的镜子里菊杰孤身一人的身影愈加显得单薄。

一时也想不出什么办法，菊杰伸手拿起剑，一剑刺在剑靶上，长长地做了个深呼吸，然后开始一剑一剑地刺靶练习。

是枯燥，是无奈，是坚持，还是什么呢？可能此刻连我们的主人翁自己也不知道。

剑尖上靶时发出特有的声音，在夜晚空荡的剑馆里，变成一种特殊的韵律；这是剑的律动，也是一个青春生命的律动。

很快一刻钟过去了……

很快一小时过去了……

又一小时过去了……

菊杰心里逐渐明朗起来，“只要身体不倒下，就要苦练；只要练到最苦，就一定能在国家队里坚持得久一点”。

第二天一早，也许是前一天晚上练得太晚了，也许是近期身体太疲惫了，晨跑时菊杰突然身感不适，豆大的汗珠沁满了姑娘的脸颊，她自己还想坚持训练，但队友们发现她的脸色太难看，纷纷停下来，关心地把她搀扶着送到医务室看医生。

医生一边注视着菊杰蜡黄的脸，一边拿起听诊器：“看来，为了身体着想，你最好结束专业运动员生涯啊。”

“等明天一早，再抽血化验几项指标，然后让领导来决定吧。”

不！不甘，不愿，不能！菊杰忍着身体和心理的难受，咬紧牙回到了宿舍。

六月的窗外，没有一丝颜色。

那真是一段不堪回首又刻骨铭心的日子啊！时间是最强的对手，它能见证你在磨难面前变弱小，也能见证你在磨难面前变强大。

四年时光能改变许多许多。菊杰默默承受了很多很多，也成长了很多很多。

四年中，曾经一度“病病歪歪”的栾菊杰每天都需要吃中药、打吊针，家里人连“土方子”也用上了，去采草药熬汤，同时在饮食上忌盐，那真是苦不堪言！身体上的苦还不是最苦的，更加苦闷和煎熬的是心理上的。“面对四年以后的奥运会到底还有没有机会？”谁也无法回答。但是她不仅坚持着撑了下来，而且到1984年奥运会来临之前，以惊人的毅力和坚韧战胜了疾病，迎来了自己运动生涯新的高峰，她是中国剑坛的无可争议的一号选手。

她自己知道，这四年中有领导、亲友、队友的关心和爱护，但真正陪伴她战胜各类困难的，是手中的一把剑！

啊，宝剑啊，只有你才知道一位剑客心中的“寂寞和甘苦”，心中的“焦虑和期待”，心中的“迷茫和豁然”；只有你才能看见剑客的疲惫、汗水和喜悦；也只有你才能与剑客相对，直到相看两不厌，倚剑伴终老！

跟四年前相比，菊杰的心量更大了，心力更强了，一个内心更加强大和自信的菊杰站在了她的教练、队友和所有关心她的人面前。

光阴荏苒，时光来到了1984年7月，第23届奥运会将在美国洛杉矶举行。美国，这个世界上头号资本主义国家，对很多从来没有踏出国门的中国运动员、教练员来说，既兴奋又忐忑。

所有的都是“第一次”啊。1984年是中华人民共和国成立以来首次参加奥运会！中国的运动健儿开始登上这个全世界竞技体育的最高舞台——OLYMPIC，中国人开始记住了这个奥运五环标志。

国际奥运会组委会为了表达对中国首次参赛的祝贺，特意选择中国运动员，作为进入奥运村的第一人。

当时已在世界田坛小有名气的中国跳远运动员邹振先被幸运地选中。接过大大的金钥匙，象征性打开奥运村的门，和组委会主席尤布罗斯、洛杉矶市长、奥运村村长一一握手、合影，并且代表全世界运动员发言。第二天，邹振先和洛杉矶市长的合影，上了美国报纸的头条。

而作为击剑队唯一的希望，早在正式出征奥运会前半年，栾菊杰已经认领了任务指标——“保二争一，至少要拿块奖牌”。尽管击剑队有将近20名队员同行，但领导明确指示，“中国击剑的任务，就压在你——栾菊杰一个人身上”。

承载着中国击剑界几代人的期望，菊杰心里的压力读者可想而知。

按照中国奥运代表团里的安排，凡是有夺金指标的运动员都坐在头等舱，以示优待。栾菊杰一听，当时就急了："不坐，本来人家不紧张，非搞得人紧张。"

"这是命令，必须遵守！"领导下了指令。

于是，在"大腕"云集的头等舱里，菊杰独自一人代表着一支中国击剑队的夺金希望。

许多年以后，菊杰接受记者采访，回忆起首次奥运会之行："去之前，对奥运会究竟怎么样，一点都不了解，到了赛场才知道奥运会原来这么隆重，这么大。"大家处在从未有过的兴奋感中："楼好高""人好多""美国警察好高大、帅气"。从规模上栾菊杰断定："这应该是竞技体育的最高舞台了。"

接下来的开幕式，栾菊杰激动的心情仍在延续："看台上全是人，走在场里，根本听不到任何声音。"开幕式上，她到处找美国田径界的大腕签字，入场服的里面，签得密密麻麻。

在菊杰看来，美国人对中国运动员的态度也"出乎意外"的好，"见了我们都喊'China'……"中国代表团的纪念章一推出即告售罄，最后，一个纪念章的市价竟被炒到了 80 美金。

当然，30 多年前，中国人初到"资本主义国家"，在我们今天的读者看来，代表团还有些过于紧张，有点"草木皆兵"。今天我们只要百度一下或谷歌一下，即使从来没有到过美国，也可以分秒钟后从手机屏幕上了解下面的信息：

美利坚合众国 (United States of America) 从大西洋到太平洋，几乎横跨整个北美洲大陆，面积仅次于俄罗斯、加拿大、中国，排名第四。它的领土还包括北极边缘的阿拉斯加以及远在太平洋赤道地区的夏威夷。本土东西长 4500 公里，南北宽 2700 公里，海岸线长 22680 公里。大部分地区属于大陆性气候，南部属亚热带气候。中北部平原温差很大，芝加哥 1 月平均气温 -3℃，7 月 24℃；墨西哥湾沿岸 1 月平均气温 11℃，7 月 28℃。

美国广大土地上包含各种自然景观。从佛罗里达温暖的海滩到阿拉斯加寒冷的北国地带；从中西部平坦广阔的大草原到终年为冰雪覆盖的落基山脉，其中尤其享誉全球的是壮观的大峡谷、伟大的密西西比河，及声如雷鸣的尼亚加拉大瀑布。

但在 1984 年，大家对于美国可以说一无所知，有点印象的还是停留在抗美援朝时期的美帝国主义呢！许多队员对那届奥运会的记忆，也只限于奥运村内部。

当年为了确保中国在洛杉矶奥运会上的成功亮相，中国代表团提前几年就开始了详细的部署。出国前，代表团对开幕式的服装等进行了精心的准备。在一位香港商人的赞助下，特地量体裁衣，为每位成员定做了入场服。

据说中国代表团在开幕式前向组委会提供的入场曲是《歌唱祖国》，但真正到进场时，响起的却是《三大纪律八项注意》。美国人为何换歌，又从何得到这首曲子，日后成了谁也解释不清的一个谜。

而重中之重是人员安全问题。

更有一些情形是今天的读者恐怕难以理解的。当时的国际局势受冷战影响，而中国在 1983 年 4 月 7 日，曾就“胡娜出逃事件”单方面终止同美国的体育交往。所以中国代表团赴美国参赛之前，中美双方事先达成了“安全协议”——美国人保证中国运动员的人身安全，中国代表团管好自己的人，防止“出逃事件”再次上演。

搭载着中国国家队员的航班一到洛杉矶机场，中国队就成了被重点保护的对象。“美国人最害怕的是苏联趁机伤害中国人，然后嫁祸给他们，所以非常重视。”曾经在代表团办公室工作，主管安全的魏纪中后来对《中国新闻周刊》记者说。

尽管有安全协议，但初到“资本主义国家”，还是令许多人内心有一些紧张，大家的神色也因此紧张而显得有些拘谨。

今天中国公民赴美留学、旅游已经十分普遍和方便；中国公民的赴美旅游有效期也延长至十年，可当年的情况却并非如此，而且有天壤之别。

一天，代表团负责安全的魏纪中突然接到报告：一个运动队去体育馆的路上，发生了枪击案。据队员们讲，一声枪响，然后车后窗玻璃上就被打出了一个洞，幸无人员伤亡。魏纪中赶紧联系当地警察，到现场勘察。

警察局调来弹道专家到现场仔细勘察，发现车窗上的确有一个小洞，但车内找不到弹壳，也没有其他痕迹。又详细询问了每一名队员，结果队员们的说法也不一。最终认定小洞并非弹孔，可能是飞驰的车轮卷起路边的石子，砸到了玻璃所致。

虚惊一场之后，代表团对纪律的要求更加严格，没有比赛训练，不允许中国运动员随意活动。因此，至今回想，许多人对那届奥运会的记忆，从地理环境的角度都只有奥运村内部，那个世界上头号资本主义国家，那个外面的世界，他们只看了一个小斑点，但就是这个小斑点，也足以使每个第一次走出国门的人大开眼界。

回望历史，有些事不免令人感慨。1984 年奥运会，中国代表团拥有了两个赞助商——健力宝集团和天津海鸥手表。当时这些赞助全部是出于爱国热情，不要回报，奥运会结束回国以后，健力宝公司奖励每位金牌得主一个特制的“健力宝奥运金罐”。而世事沧桑令人唏嘘的是，30 年以后，媒体报道说当年的奥运金牌选手状告健力宝公司弄虚作假，该金罐不是金制的！也许这是当时当事双方，尤其是健力宝企业所完全没有预料到的吧！

社会学中有一句话：历史公正的审判有时可能迟到，但一定不会缺席！也许太多的人、太多的中国企业总是要等到最终的审判时刻才会后悔乃至忏悔自己曾经所做的事。这种最终的审判时刻也许是一个人生命的终点临近，也许是一个企业临近倒闭的终点。人啊，人！为什么中国难以有百年以上的企业？也许这不仅仅是经济原因，或许政治原因、文化原因等人文因素更为重要！

1984 年 7 月 29 日，奥运会首日，洛杉矶普拉多射击场上，中国运动员许海峰的一声枪响，击落了中国奥运历史上的首枚金牌，中国体育史称“零的突破”！

中国人的“奥运梦想”也许开了个好兆头，彼时没有一个人会想到 24 年以后，北京也会举办这样令全世界都激动的奥运盛会！

在击剑馆的比赛剑道上，栾菊杰一个人开始了自己的夺冠征程。

击剑是欧洲的传统竞技项目，也是自 1896 年首届奥运会开始就有的正式比赛项目。欧洲人对这块地盘的“喜爱”和“守护”到了几近疯狂的地步。从中国人站在国际击剑舞台的那一刻起，就一直饱受裁判“欺负”——错判、反判，暗中帮欧洲选手取胜。

人类生活的世界上，从来就没有绝对公平的净土，永不污染的净土犹如永不凋零的圣洁的莲花一样珍贵，但它只存在于每个人自己的心中。

许多年之后，栾菊杰再出去比赛，当初的裁判会跟她说：很抱歉，当时太累了，判错了。一句轻易的抱歉，运动员要承受的却是多少年的遗憾甚至屈辱。

中国队曾无数次尝试过罢赛、申诉，但亚洲人在国际剑联里根本没有发言权，“申诉到最后，裁判承认是自己的错判，但比分已成事实，也就不能改了”。

到了后期，中国运动员对错判已经习以为常。“去之前，就知道裁判会有错判。”栾菊杰说，“参加国际大赛，不仅要和对手较量，同时也要和裁判较量。”

早在 1981 年世锦赛上，栾菊杰在绝对优势情况下，因裁判的“帮忙”，屈居亚军。“如果不是裁判问题，当时的世界冠军就是我。”那些老外也许不会明白，中华民族自古就有决不屈服于强暴不公反而会愈挫愈勇的文化基因。

当时初入国际体坛，中国运动员在许多项目上都受到种种排挤。想胜出必须要有绝对的实力。“所以队里要求我们出去比赛要做好思想准备。人家打 10 分，我们必须要打 15 分，才可能赢。”

作为本届奥运会该项目上亚洲唯一的夺冠希望，栾菊杰从小组赛起就成为裁判“围攻”的重点。“越到关键场次整得越厉害，险些没有进入半决赛。”和之前历次大赛一样，中国队抗议、罢赛，都没有起到作用。

栾菊杰在场上唯一的反抗，就是大叫，用叫声发泄自己的愤怒和怨气。“至少让别人知道我的愤怒，知道我们是不好欺负的。”

但菊杰同时暗暗提醒自己，越是愤怒的时候，越要保持清醒和理智；越是危险和强悍的对手，越要研究她学习她。

每刺中对手一剑，击剑馆里就回荡起栾菊杰全心投入的叫声。“经常是一场比赛下来，好几天都说不出话来。”

1984 年 8 月 3 日，洛杉矶长滩大剧院，栾菊杰终于站在了奥运会女子花剑决赛场上，对手是德国老将汉尼斯。为了避免再因器材被罚分，这一次，栾菊杰足足准备了八支剑。

这一战她没有给对手和裁判任何机会。

最关键时刻菊杰一鼓作气连得五分，以绝对优势拿下胜利的果实。

长久郁积的怨气，在这最后一次叫声里酣畅淋漓地发泄出来。欢呼，拥抱，尽情地释放……

“拿了冠军，我觉得自己终于被承认了，你再想错判我，也没有办法了，我终于拿到冠军了。”这是中国第一个，也是亚洲第一个奥运会击剑冠军。

一项被欧洲人长期占领 88 年的奥运会击剑项目，终于在今天被一个名叫栾菊杰的中国女子花剑队员打破……

这一刻，惊艳整个击剑世界！

一声问候感动中国

2008 重启奥运征程 加拿大击剑选手 JUJIE LUAN 栾菊杰

2001 年 7 月 13 日北京时间晚 10 时，中国北京申奥成功！

世界选择了中国，今夜无人入眠！

当中国在以两票之差与 2000 年奥运圣火擦肩而过后，具有三千年悠久历史的北京在五个申办城市中脱颖而出，获得 2008 年奥运会的主办权。象征着世界和平与友爱的奥运圣火将在 7 年后，首次在养育了 13 亿中华儿女的神州大地上燃起。经历了第一次申办未果的苦涩，人们更能感觉到这次申办成功所带来的喜悦与激动。

中华儿女的激情被莫斯科一个苍老的声音所点燃，如打开的陈年美酒，醉了北京，醉了华夏大地…… 7 月 13 日晚 10 时，北京将永远记住这一刻，历史将永远记住这一刻。

此时此刻，在加拿大埃德蒙顿的一幢普通二楼房子中，房屋主人刚从早晨起来，当他习惯性地打开电视机时，看到中国北京申办奥运成功的消息，激动地冲房间里喊：“菊杰，菊杰，北京申奥成功了！北京申奥成功了！”

是的，自从 1989 年出国来到加拿大埃德蒙顿，时间已经过去了整整 12 年（中国人纪年用十二生肖，12 年刚好是一个完整的循环）。而且随着女儿的出生，特别是为了更方便地照顾养育大女儿，菊杰一家已经加入了加拿大国籍。但菊杰知道：她自己是一个中国人，无论身处何方永远心系祖国。

“嗨，菊杰，你要是能去北京参加奥运会，那该多有意义！”菊杰的先生顾对她说。

是啊，1984 年作为中华人民共和国第一次参加奥运会就为祖国夺得女子花剑金牌的运动员，菊杰永远也忘不了五星红旗升起的那一刻，也永远忘不了祖国和人民曾经给予自己的培养和荣誉！

“好，2008！我要去北京！”

时间已经来到 2006 年下半年，“北京，我一定要去，无论付出何等代价！”当菊杰在心里下了这个决心时，她知道，一场前所未有的挑战即将开始……

她也清楚地知道，今年自己已经 49 岁了，岁月不饶人啊，但是如果能去北京奥运会度过自己人生的 50 岁生日，该有多么的难忘！

一个人能在自己祖国举办的奥运会上参加奥运会，那不是金钱可以衡量的，更不是金钱可以换来的！

可是，征战 2008，却是如此艰难！

30 年前，对手的剑刺穿她的小臂，人们记住了这个“初生牛犊不怕虎”的南京女孩。

24 年前，她在美国洛杉矶夺得了中国奥运历史上第一块击剑金牌。

现在，她选择要在自己 50 岁生日这天回国，因为她要将这个具有纪念意义的日子，和自己的奥林匹克梦想联系在一起。

一场长达 15 个月奔波在世界各地剑道上的艰苦征程拉开了帷幕！

尽管人生如此辉煌，栾菊杰的 2008 奥运之路却走得异常坎坷。

奥运会这个神圣的世界舞台，并不是每个想参加的人报名就可以的。一名运动员在争取奥运代表权时，选手的全球排名是一个重要的考量因素，而栾菊杰虽然一直在从事击剑的教学工作，但她已经多年没有以运动员身份参加比赛了，其全球排名已跌至最低。

奥运会是一个最公平的竞技舞台，你无须靠拍马屁来获得资格，你需要实力！为争取入选，菊杰需要重新披上战袍，一站一站地投入既残酷又公开公平的比赛。

“第一次参与奥运会是代表中国，我希望最后结束我的奥运生涯也在中国。”栾菊杰在内心深处对自己说道。

“回家的梦是如此美好，但回家的路却如此坎坷漫长！”

现实是残酷的！ 此刻菊杰世界排名在 400 名开外而且奥运积分为 0，2006 年 12 月，她就这样开始了自己的“回家”征程。

然而，开局并不顺利，亚洲的三站奥运会选手积分赛，韩国首尔菊杰得分为 0。

中国上海菊杰得分为 0。

日本东京，栾菊杰的得分依然为 0。

俗话说“岁月不饶人啊”！毕竟她已经年近五十，2008 年 5 月 4 日，在国际剑联男女花剑世界杯上海分站赛上，最后一场加时赛，她因为体力严重不支在比赛后呕吐并昏倒而惨遭淘汰。

菊杰拖着疲惫的身体回到埃德蒙顿的家中，整整两个星期爬不动楼梯。即使如此，她仍然坚持完成俱乐部的教学任务。

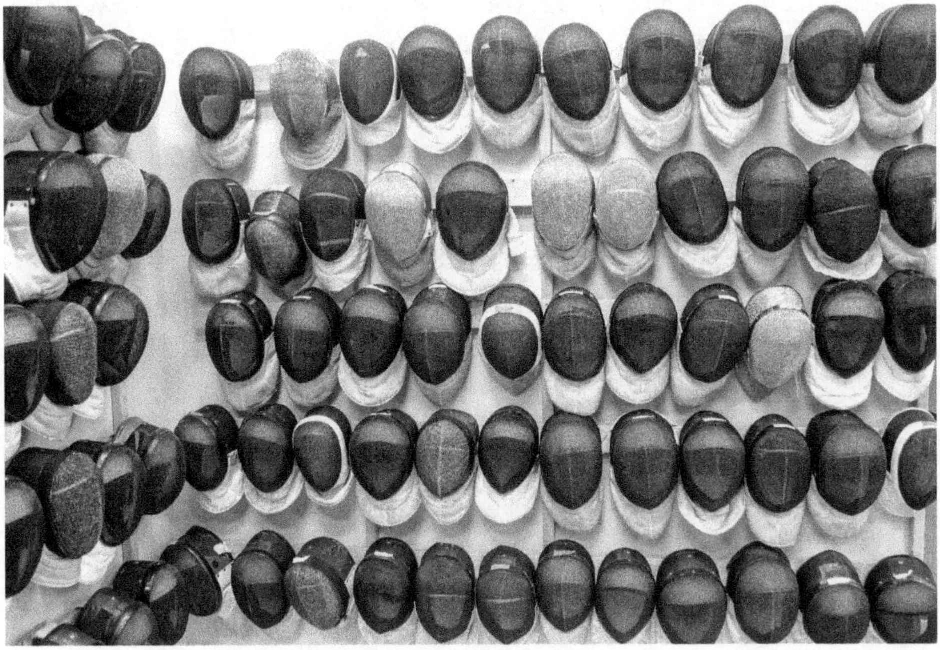

一天傍晚，当俱乐部上课结束的学生们都已经回家，菊杰清理好击剑器材和场地，整个俱乐部空荡荡只留下自己一人，俱乐部的角角落落都已经被她打扫得干干净净。坐在地板上，看着镜子里的自己，菊杰想：“我的决定错了吗？”她知道自己的希望很小，但是只要有一线机会，就要竭尽全力不能放弃。

静静地坐了一会，她起身对自己说：“先回家！”

俱乐部离家大约半小时车程，并不远。当她驱车至一个岔道口时，回家的路应该右转，连自己也不知是怎么想的 ，下意识地，菊杰把车左转驶向了落基山脉的方向。

六月的傍晚，落日的余晖照耀着大地，四周的建筑物散发出温暖的气息。和中国相比，加拿大称得上地广人稀，公路上车辆并不拥挤，不一会儿，愈往落基山脉方向开，车渐渐地就愈少了。

开了个把小时，她把车停了下来。不远处，山峦和湖泊静静地看着她，看着这位从中国来的女性，仿佛一对加拿大的公婆，在儿媳想要回中国娘家时给予无限温馨又鼓励的目光。

菊杰找了一处平整的岩石，坐了下来，看着远处静静的水面。最近一段时间来，她的内心从来没有像此刻这样的平静。

回想自己年近半百的人生，她就像一朵来自乡间小溪的浪花，一路欢笑着奔跑着，来到长江，来到东海，来到更加宽广的太平洋……

一轮明月悬挂在半空，淡淡的，还有一丝红晕，像一张慈祥观音的笑脸。 以前菊杰在中国做运动员时，领导提醒大家不要有“崇洋媚外”的思想时，总爱说一句“不要以为外国的月亮比中国圆”，然而此时此刻，一轮大大的略带红晕的月亮，确确实实是又大又圆，在柔美的月光下，人是容易沉思和回忆的。

捷克作家米兰·昆德拉说过：生活就是一种永恒的沉重努力。但东方人说人生是一种永不停息的修行。

24 年前为踏上美国洛杉矶奥运会的征途，她要首先战胜肾病；训练之苦、之累对每一个运动员来说根本不算什么，对菊杰来说更是。回想当年的一段日子，每天要自己熬药吃药，只有一个人时才能感知到的深深的孤寂，有时候更难以战胜。但今天，她面临更大的挑战。菊杰要面对的，不是疾病，而是岁月，是伴随年龄而来的机体的衰老。

她在青春时代就是这样的一种性格，她是《扬眉剑出鞘》的主人公，这世上只有一个栾菊杰。

“不是有那么一句广告词吗？NOTHING IS IMPOSSIBLE(没有什么不可能)，参加奥运会就是我想做的，只要去想，就没什么不可能！”

对于东方的中国人来说，自小就听过一句同样励志的话：“只要功夫深，铁杵磨成针。”

“抱着必胜的信念一心不乱地做事，就一定会成功。”她“呼”地站起身，仿佛重新回到的年轻的时候，浑身充满了力量。打开车门，上车，发动汽车，满怀信心地回家！

打开汽车音响，美国歌手席琳迪翁版的《THE POWER OF LOVE》的声音，温馨而嘹亮……

we're heading for something	我们迈向新的目标
somewhere I've never been	迈向我从未接触过的事物
sometimes I am frightened	有时我会感到恐惧无助
but I'm ready to learn	但我已准备好去领悟
('bout) of the power of love	爱的力量
the power of love	爱的力量

听着歌词，想到这些 CD 都是自己的先生顾为自己买的，菊杰不禁眼睛有点湿润……

人生的起起伏伏就像击剑，在长时间的比赛里，总会有状态佳和状态不佳的时候。尤其是在状态不佳的时候，愈发能显示一个人的人生观价值观的重要！

一个人在遭遇困境时是坚韧地咬紧牙关度过去，还是在绝望里找个借口直接放弃，或是选择苦中作乐，勇敢而又不失理智地面对？

在沉寂的亚洲三站之后，菊杰终于在阿根廷布宜诺斯艾利斯站打进了前 12 名，获得 8 个宝贵的奥运积分。她的奥运积分开始了艰难的累积，而困难依然接踵而至。

困难甚至包括视力因素，一次比赛中因为没有戴隐形眼镜，菊杰拿错了小号的鞋，打完比赛，一个大脚指的指甲已经翘起。

此外，要参加奥运资格赛，财务也是一种负担。事实上，在栾菊杰获得奥运会参赛资格之前，加拿大政府并没有一分钱补贴，这和中国国家队运动员可有天壤之别。栾菊杰不仅要自己承担参加积分赛的所有开支费用，而且她是家里收入的主要来源，她不工作，就没有薪水，也会影响家庭的生活。

为了节省开支，菊杰有时候尽量选择坐火车参加比赛，在火车上也尽量吃干粮。由于饮食营养和路途劳顿，每次结束比赛回到家，她的体能消耗都特别大。

面对 2008 北京奥运会，客观地分析，菊杰知道，“从世界范围来看，加拿大的击剑水平不是顶级的，所以自己才有机会，一定要拼命争取”。

2007 年 7 月，为了打好奥运会，加拿大击剑协会通知栾菊杰去蒙特利尔集训。

因为无法兼顾俱乐部的工作，栾菊杰一家收入已大为减少，她要求申请不参加集训，但是加拿大队拒绝了她的要求。加拿大击剑协会说：如栾菊杰缺席，协会便视其自动放弃奥运资格。

去？不去？对栾菊杰，这是一个好难决定的问题。

财务因素已经成了制约栾菊杰迈向这届奥运会的一个重要因素，菊杰教击剑就有收入，而打比赛却要自费，去打比赛便不能教击剑，这段时间不仅没有收入同时还需要不断支出。

一方面是财务原因，另一方面菊杰认为加拿大也没有人能做她的教练。鉴于她自己一直就在加拿大击剑俱乐部做教练，她认为这种对年轻人有效的集中训练方式对她并不合适。多年来，她都是采取见缝插针的练习方式，一有空便练习。然而，当栾菊杰表示自己不想参加集训的时候，加拿大击剑协会说“NO”。

“这是最艰难的时刻，当时就想要放弃。”菊杰说。最终她先生在她生日那天替她给加拿大击剑协会回复了邮件，写下“YES”。

亲爱的读者，如果您留意栾菊杰在加拿大奥委会官方网站的资料，会发现“教练”一栏填的是“HERSELF（她自己）”。

第 15 站比赛，2008 年 3 月 31 日，法国，这将是菊杰决定性的一战。

当裁判喊“HALTE，TOUCHE（停，得分）”时，菊杰终于赢得本场比赛，她筋疲力尽地倒在剑道上，她知道历尽 15 个月，征战十几个国家，自己终于拿到了属于自己的北京奥运资格。

汗水湿透了全身的击剑服，除去了击剑面罩的头上，汗水顺着脸颊滴落下来，那是幸福的汗珠！

“祖国母亲，您的女儿要回家看您了！您的女儿终于可以在您举办的全世界奥运会盛典上回来看您！”

此刻，一丝泪花溢出眼眶，和着汗水一起；而菊杰脸上却是无比灿烂的笑容！

中国一代名将栾菊杰复出，50 岁的她这次代表加拿大要再次征战奥运会！这样一个极具新闻性的事件，受到了中国国内媒体的广泛关注！

可以说几乎从她决定复出的那一天起，栾菊杰就成了媒体关注的焦点。特别是正式拿下奥运会入场券的那几天，加拿大家里的电话几乎从来就没中断过。

一些国内媒体打电话因为疏忽也没考虑到时差的问题，令菊杰一家经常在睡梦中接到国内媒体的采访电话。一次她从欧洲打完比赛回家，时差也没有完全倒过来，刚准备睡觉就接到一个记者打来的采访电话，结果自己说着说着居然睡着了。

栾菊杰说到这个故事，自己都笑了。

其实菊杰参加北京奥运会，国内媒体比加拿大媒体更为关注，她打进奥运会的消息，国内媒体报道得比加拿大还快！

日后采访中，栾菊杰告诉记者，50 岁，她已经不需要什么了，参加奥运会也就是想再次证明自己。除此之外，北京举办奥运会，也是促成自己参加奥运会的一个巨大动力。能参加北京奥运会，这对于每个中国人来说都是一个巨大的荣耀！“这种荣耀，我无法用言语来形容。”

50 岁再次征战奥运会，在常人看来是不可理解的事情，而栾菊杰从思考到实现，前后花了两年的时间。

这极不平凡的两年，栾菊杰在世界各地征战了 15 个月，她的足迹踏遍了韩国、日本、中国、阿根廷、美国、古巴、加拿大、俄罗斯、法国……打完了 15 站比赛。栾菊杰终于在 3 月 31 日法国站拿到了属于自己的奥运资格。

虽说以 50 岁的年龄能拿到世界顶级赛事的入场券就是胜利，但真的拿到以后，她的一贯性格决定一定要认真准备，全力以赴！

她应该参加赛前集训，去哪儿呢——中国南京，那是她人生和击剑起步和成长的地方，是她永远难以忘怀、魂牵梦绕的故乡！

菊杰特意把南京体育学院的中英文介绍和纪念邮票装裱后，挂于埃德蒙顿击剑俱乐部的墙上

南京体育学院位于历史名城南京东郊风景区紫金山南麓，与中山陵园、灵谷寺公园相邻，风景秀丽！学院占地 600 余亩，建筑面积将近 20 万平方米，现在已经发展成为一所集教学、训练和科研于一体的培养多种体育人才的省属高等体育学府。它的前身是 1956

年成立的南京体育学校。30 多年前，菊杰正是在这里第一次与剑结缘，在这里，以及这周边的马路上，都留下了她跑步的身影和挥洒过的汗水。

2008 年，南京体工队正在进行奥运会赛前的集训，栾菊杰也在其中，她像一个出嫁的姑娘回到了娘家，每天过得充实且忙碌。身旁，中国的好朋友过鹰和她开着玩笑：“快奥运会了，你悠着点，留点实力，你的奥运目标是前三名！”说完，周围的人都笑了。

因为一直在加拿大执教击剑，菊杰对当今世界剑坛的发展和技战术水平是十分清楚的，她知道前三名是个开玩笑的说法。对于自己来说要争取拿奥运会前三名的成绩太遥远，能踏上这个赛场，就已经是属于一位三个孩子母亲的胜利了。靠在体育馆的墙上，栾菊杰打开话匣子，和家乡都市报的记者聊起自己的奥运梦。

栾菊杰感慨说：“在中国当运动员很幸福，两眼一睁，教练都帮你安排好了，衣食住行都不需要你操心，但是在国外一切都要自己来打点，这 15 个月征战海内外，我都是一个人背着个行囊，走来走去，按你们记者的文笔，可以说是孤身仗剑走天涯啊。”

记者采访的当天，南京体工队刚好在举行一个内部的教学赛，菊杰也参与其中，这种比赛刚好让栾菊杰找找实战的感觉。连续三场比赛，连续三个小伙子和栾菊杰过招。虽然已经是 50 岁的人了，虽然面对的都是 20 岁左右的小伙子，但是菊杰的一招一式依旧有板有眼，速度、经验、时机把握，让这位老将丝毫不落下风。站在剑道边，你可以听见这位老将每刺出漂亮一剑时为自己叫好的呐喊声。

中国国家男子花剑前总教练过鹰在一旁说：“菊杰的这种勇气真值得敬佩，50 岁还如此痴迷花剑，她就是为花剑而生的。别看这些小伙子，他们一般还真打不过栾菊杰！”

墙角边，菊杰的女儿坐在地上，一边注视着母亲的表现，一边鼓掌为母亲加油。教学赛是以谁先到 45 分为胜，比赛中段菊杰一度以 18 ∶ 33 落后，但是经验老到的她不急不躁，看准时机每刺一剑就命中得分区域。就连对手都感叹：“50 岁了，速度还能这么快！”

虽然最终栾菊杰以 41 ∶ 45 落败，但是，对于自己的表现栾菊杰还是比较认可的：“之前因为陪你们采访，一下和三个人打，后面体力有一点问题，但是我觉得打得还不错了，如果正常打的话，他们不见得是我的对手！”

“奥运会时，您的体力会出现问题吗？”记者问。菊杰摇着头，“我现在每天训练完，绕着田径场跑十圈没问题，你相信不？正式比赛，体力绝对不是问题！”

正式比赛的日子终于就要到了！2008年8月8日，这个让全世界瞩目的日子。

菊杰准备好所有的一切，登上前往祖国的国际航班。

她特意选择在7月14日回中国，坐在位子上，倚窗而望，看着不断掠过的远处云彩，心潮澎湃，难以自已。她干脆起身从包里拿出纸和笔，思绪如流水般奔腾而出……

2008年7月14日，是一个值得我终生纪念的日子。这一天是我迈入人生50岁的生日，也是我从太平洋西岸启程飞往中国参加北京奥运会的日子。我选择在我50岁生日的这一天飞往中国，就是要以一种特殊的方式来纪念我的生日，来庆贺在中国北京举办的奥运盛事。

怀着一颗游子的感恩之心，抱着对祖国故土的赤子之爱。历经艰辛和拼搏，我将再次扬眉亮剑，重返奥运赛场。随着奥运时钟倒计时的数字一天天的变少，我知道，我的奥运梦想将再一次得以实现，我的体育人生也会再一次变得精彩。曾有一位外国记者问我：“在你所参加的4届奥运会当中，哪届印象最深？哪届最有意义？”我毫不犹豫地回答：“我代表中国参加的第23届奥运会印象最深，我即将参加在中国举办的第29届奥运会最有意义！”

1984年第23届奥运会在美国洛杉矶举行。作为中华人民共和国成立后第一批参加奥运会的中国运动员，我有幸参加了这届奥运会，并在奥运击剑项目的比赛上，为中国赢取了一枚奥运女子花剑个人金牌。这是东方人第一次在世界最高的体育竞技场上打败了西方人，欧洲人称霸剑坛80多年的垄断地位从此不再。它不仅是中国人的荣耀，也是亚洲人的荣耀。这枚金牌的取得对于我，对于中国，乃至对于整个亚洲来说都有着十分重要的历史意义。在中国总共获得的15枚金牌里，我获得的是第8枚金牌，不知这是巧合，还是缘分。我虽然不迷信什么，但我的确非常喜欢这个数字。因为这个数字与我的事业和生活有着太多的联系了。

2001年7月13日是中国申办奥运成功的日子。那一刻，我在心底里隐隐萌生出一种向往的激情和欲参与的冲动。隔天是我的生日，我和先生谈论起2008北京奥运的话题，我说那时候要是能去参加北京奥运就好了，不过想到那时我将满50岁了，要想参加北京奥运会，必须先参加选拔，到时候恐怕身体状况也不允许呢，我想这是不可能的。我的先生对我说："没有什么不可能的，如果你在50岁的时候，能够打进奥运会，这将会是一个奇迹！你已经为中国的击剑历史创造过奇迹，再为奥运击剑历史创造一种奇迹也未尝不可。我相信你！"他说的是那样地感性，那样地肯定；同时，又是那样地对我充满期待。我不禁真的开始有些心动和神往了。

时光流逝，当传递北京奥运圣火的火炬即将点燃之时，那深埋在我心底的向往故土的赤诚之情再也压抑不住了。2007年初，加国西部城市埃德蒙顿的冰雪还没有完全消融，寒气依然袭人。我毅然提上行囊剑袋，吻别了孩子和丈夫；怀抱着"同一个世界，同一个梦想"的北京奥运之梦，踏上了奥运资格赛的艰辛征程。一年之中，我的足迹遍布亚美欧15个国家。我虽然从事体育运动多年，但是从未经历过在如此短的时间里，跨越如此多的国家，参加如此密集的比赛。不断的伤病曾使我一度萌生过放弃的念头。然而，是亲人和朋友们的支持与鼓励；是挑战极限，超越自我，追求梦想的信念，让我坚持到了最后。经过11个月的顽强拼搏和努力，我最终赢得了进军北京奥运的入场券。面对这来之不易的胜利，我不胜感慨！许多人问我，到底是什么样的一种力量让我如此地执着，如此地无怨无悔？是回家的路，是回家的梦！是因为奥运在北京，奥运在中国。我第一次参与奥运是代表中国，我希望最后结束我的奥运生涯也在中国。

回顾我的奥运生涯，从1984年到2008年的24年间，我先后代表中国和加拿大参加了4届奥运会。不论是我处在年轻时，还是现在我已走进了人生的半百期，我丝毫都没有停止过对奥运梦想的追求，没有放弃过命运为我带来的任何可以参与奥运的机会。随着我的年岁渐大，尤其是在我的身份状态发生了变化之后，我之所以依然不惜一切代价的在为参与奥运做努力，其实，我是想以自己的亲身经历和感受向世人诠释体育无疆界的理念，宣示体育精神和奥运精神是人类共同追求的普世价值。奥运精神重在参与。比赛结果固然重要，比赛过程更为可贵。比赛金牌只有一块，可是所有为争夺金牌而参加比赛的人的执着和追求的目标却是相同的，那就是更快、更高、更强，变不可能为可能。值得欣慰的是在某种意义上，我已经提前实现了我的梦想和目标。无论我面对着的是我的同龄人，还是面对着80后的新生代，我都可以毫无愧色、十分自豪地说：24年前，我把青春献给了祖国！24年后的今天，我的心依然年轻！

2008年8月8日这一天，我将与来自世界各国的奥运健儿一起相聚北京，会聚在奥林匹克的五环旗下。我将与全球的华人一道，共同分享这百年中国奥运梦想得以成真的激情和欢乐。我想大声地呼喊：亲爱的祖国，您的女儿回来了，亲爱的父老乡亲，祝福你们！祝福北京奥运！

昔日为国战，甘洒血和汗；今朝赴京奥，天命应无憾。

悠悠赤子心，殷殷故乡情；遥忆青春剑，扬眉又出鞘。

2008年7月14日写于温哥华飞往中国的途中

栾菊杰抵达中国以后，面对即将到来的比赛，她要思考，现在自己的体能和反应都难以和年轻剑手相提并论，“如果前一天有比赛或有大运动量的训练，第二天身体便会十分酸痛，这种事情在二三十年前是不会出现的，那时即使酸痛，也会很快复原”。

显然，现在自己不具备这些年轻人的优势。但自己现在也有强项，那就是耐性、技巧、经验和心理素质等。

她整理着自己的剑包，摸了摸那几把跟随自己多年的剑；她是左手持剑，大部分击剑手都是右撇子，没有机会因而很不习惯与左撇子对阵，而菊杰却很习惯与右撇子较量。

她想正式比赛的策略应该是“速战速决、以攻为守”，避免体能上的较量，因为体力下降的话，即使防守也会因为注意力下降而失误。纵然赢了这一场比赛，下一场赛事仍会受到影响，所以防止体力消耗是菊杰本届奥运会比赛的大前提。

光阴流逝，毕竟和24年前初次参加奥运会不同，这一次，她对即将到来的剑道上的激烈对决和输赢不再紧张，而是对回到祖国母亲的怀抱，在祖国母亲举办的奥运舞台上亮相感到从未有过的激动和期待。

“祖国母亲，您的女儿回家看您了！”

8月8日晚上9时，鸟巢主场地入场口。菊杰是加拿大队的第一排选手，非常醒目。

加拿大代表队准备进场，菊杰从口袋里掏出了这面旗帜，“我想先把正反次序确定一下，怕到主席台时亮出来，弄反了就不好了。”三天后记者采访时菊杰说出了缘由。

但场边工作人员制止了她，告诉她在行进入场时坚决不能拿出来。

栾菊杰向工作人员展示了一个微笑，她很快就明白了工作人员的苦心，也表示会遵守他们的提醒。

在入场式上，祖国只见到菊杰的笑脸，没有看见她珍藏的旗帜。

第二次是在开幕式上，鸟巢中央，8 月 8 日晚上 9 时半许。

加拿大队进场后，站在指定位置上，当加拿大电视台对准了自己的队伍在拍花絮时，栾菊杰亮出了这面红旗。

这一刻在加拿大和美国的观众看到了。她在加拿大中部草原省份阿尔伯特省埃德蒙顿市的击剑俱乐部的学生也看到了。在加拿大多伦多的中国击剑国家队原队员，也是栾菊杰的师妹李华华也看到了，她得知栾菊杰以 50 高龄出征北京，觉得难以置信，在加拿大华人报章上写了篇文章，称赞栾菊杰的故事是一个“神话”，一个永远的传奇。

8 月 11 日下午 2 时，北京奥运击剑馆。

女子花剑个人赛第二轮，菊杰对阵匈牙利选手，她以 7 ： 15 不敌对手，输掉了比赛。她和对手互相握手致意，向观众鞠躬致谢，然后从一个头盔里拿出一面红旗，向看台展开，“祖国好”三个饱含深情的大字终于展现在人们眼前！

祖国人民看到了，祖国听到了她的儿女的心声！一刹那看台上掌声响起，到后来成了一片经久不息的热烈欢呼。

菊杰的先生顾赶紧站起来给这个历史场景拍照。

而击剑馆内的各大媒体记者纷纷举起照相机、摄像机，这难忘和感人的一幕，没过多久就通过电视，通过报纸传播给了全世界的观众和读者。

这是人生多么难忘的一刻！菊杰的先生是一个很好的摄影师，这面旗帜实际上是他们夫妻两人共同献出的。

在正式取得北京奥运会参赛资格后，栾菊杰和她的先生顾商量，以怎样的方式来向祖国人民致意。结果还是先生顾想到了献红旗这个主意，两人一致想好了，用“祖国好”三个字。“我觉得没有再比这三个字能更好地说出我的心声。”栾菊杰后来说。

旗帜是在他们回到故乡中国南京时制作的。成本不高，仅花了 20 元人民币，旗帜专卖店的职员也没多问。

“全家只有我们两人知道，连三个孩子都不知。因为我们不知最后能否有机会亮出来，所以，谁都没告诉。”先生顾在后来记者采访菊杰时插话说，而且经过前两次亮相，他和栾菊杰也无法确定在赛场上能否展出。

“其实我这面旗是放在一个头盔的夹层里，通过别人带进去的，因为我们比赛选手的装备要经过检查，而且检查了后，我们就不能再去碰，所以，当我把旗帜亮出来后，赛场的检查人员告诉我，说我不应该有夹带，但我也不管这么多了，反正已经亮出来了。”

看台上有老教练文国刚，30 多年前，文国刚就是栾菊杰的教练，他经历了栾菊杰洛杉矶的高峰和汉城的低谷，栾菊杰离乡他去，文国刚也老去了，2008 年时他已快 70 岁。

她当年的队友，目前在天津做教练的朱庆元也在看台上，在赛前，她曾经对栾菊杰感动地说，没想到你还在剑道上，真不容易。

还有理由，那位以《扬眉剑出鞘》出名的报告文学作家，他也在看台上，他的入场券还是菊杰给他的。

很多剑客，甚至很多体育迷都是从《扬眉剑出鞘》知道栾菊杰的，中国国家击剑队叶冲也曾说，自己是看了那篇文章后才走上击剑之路的。那篇著名的文章是叙述 1978 年栾菊杰在西班牙马德里举行的世界青年赛的故事，她的左臂被对手刺穿。但她还是坚持上阵，取得了亚军。栾菊杰现在左臂还有两个疤。

人世间的事，竟如此美妙！这不禁令人想起“月映万川”四个字，不由得想发问，究竟是“月映万川”还是“万川映月”？

人们常说，一个伟大的人，不仅需要伟大的朋友，还需要伟大的敌人；我们不妨设想下如果没有德国当年兵临莫斯科城下，恐怕就不会有伟大的斯大林元帅和朱可夫将军！一名了不起的剑客，也同样不仅需要师长队友，更需要了不起的对手；没有强大的对手和磨难，就无法成就一代名将！

因为这个晚上，中国人都看到了这面旗帜。栾菊杰当夜成了媒体明星，赛后，加拿大奥委会为她开了记者会，记者捧场程度要超过女子花剑冠军的场子，而离开击剑场后，她的媒体秀也就开始了，中央电视台各频道、北京卫视、湖南卫视、新华网、搜狐等电视与网络纷纷对她进行了采访，这四天，她受

到的关注远远超过了以前。时光仿佛又回到了似曾相识的 1978 年， 那一年《扬眉剑出鞘》时，只有报纸杂志以及那个年代特有的小人书，而今天已经是全媒体的信息时代，不仅有传统的报纸、杂志、电台，还有电视、网络、移动客户端等新媒体，一夜之间信息就传遍了全世界！

奥运演出刚刚开始，栾菊杰的奥运帷幕已经落下，而生活的大幕却已经拉开：菊杰的全媒体秀在她自己也无法控制的节奏中开始了！

这一切的开闸只是因为打开一面小小的折叠在击剑面罩夹层中的国旗：祖国好！

虽有千言万语却只是默默打开一面红旗，上面只有三个字：祖国好！

而这一声问候，却通过电视镜头，感动了有着 13 亿人的中国！

本届奥运会，她在第一场比赛中赢了 19 岁的突尼斯选手，第二场比赛中输给了 32 岁的匈牙利选手，止步于 32 进 16 的淘汰赛。

菊杰不仅感动了中国，也感动了世界。

法国《欧洲时报》报道栾菊杰是2008北京奥运会击剑选手的年龄之冠，她是三个孩子的母亲，她拥有中国第一块奥运会击剑金牌，被誉为“东方第一剑”……

加拿大Canwest News在报道栾菊杰的时候，用的标题是：《仍然是英雄》(*Still a Hero*)。

加拿大《环球华报》、加拿大《温哥华太阳报》则报道：栾创造了一个奇迹，而向她欢呼的中国人，正在向西方展示另一个奇迹！

德国电视台在采访菊杰时，让她接了个电话，原来对方是海因丝，就是在洛杉矶奥运会决赛时输给菊杰的那位德国剑客。

时隔24年，两人都无比激动！海因丝告诉菊杰她现在做老师，是她先生看到了电视转播消息，对她说，这不就是那个赢你的中国人吗？

栾菊杰觉得一切都很神奇，打开一面小旗帜，不要3秒钟，但却启动了尘封20多年的回忆。

2008年8月11日下午，栾菊杰给奥运，给中国留下的最深刻记忆，一定是那面鲜红的旗帜。

“这次北京奥运，我有太多的美好记忆。”菊杰的声音里带着疲惫，后来她嗓子也沙哑了，她的情感也无以复加地透支了。

“栾菊杰，在1984年洛杉矶奥运会上，为中国队夺取奥运第一块击剑金牌，在1988年汉城奥运会上未能卫冕，之后就出国去加拿大。等她重回奥运赛场，已是悉尼奥运，加拿大公民。”媒体在介绍她时，总是能感受到她对奥运的热爱。“当时我只是想体验一下新世纪奥运，这样算是跨了两个世纪的奥运参战了。”听得出菊杰很在乎自己的剑手生涯。北京是她的第四次奥运，某种意义而言，是她最成功的奥运会。

在北京整整十天，她接连打了两场击剑比赛，却马不停蹄地接受了约二十场知名电视媒体以及网络媒体的专访。

著名的名人访谈主持杨澜也及时地来约菊杰，两位中国知名女性（虽然栾菊杰入了加拿大国籍，但中国民众依然把她视为中国人）在节目里谈得很深，栾菊杰自己也许没看到，但她姐姐在南京看到了，作为亲人边看边为自己的妹妹如此拼搏而感动落泪。

而节目中杨澜也感动得眼含热泪。尤其是当她听栾菊杰说起年初的故事，栾菊杰在欧洲征战两个月，一个人含辛茹苦，最后终于赢得北京奥运的入场券。

“杨澜快要感动得哭了，而我还没有和她说法国机场的事呢！”

“我当时为了省钱，在马赛比赛结束后，到了巴黎机场，当时我是随时等位，但那几天从巴黎回加拿大的人特别多，我等了两天两夜都没有等到位子，而我又舍不得花 100 多法郎去住酒店，就在机场的候机楼里吃和睡。当时埃德蒙顿的击剑俱乐部师生都准备在机场迎接我，庆祝我拿到奥运参赛权，我又不好意思和他们说在巴黎的尴尬。”菊杰说起自己一路艰辛时，却是如此轻描淡写。

很多没有习剑的朋友也许不能深刻体会：剑术，从来就是一场孤寂而艰难的修行和跋涉。24 年前，为了 1984 年美国洛杉矶奥运会是如此；24 年后，为了 2008 年北京奥运会依然是如此。

只是这次，她虽然代表的是加拿大国家队，但她的心依然是中国心。她的离京行李中，除了几柄剑，还有一件无价之宝：不是金牌，不是奖杯，而是一面红旗。

红旗上有三个字：祖国好。

古老而又年轻的祖国啊！今天祖国已经从曾经被嘲讽的“东亚病夫”的阴影中站了起来；祖国不仅有能力举办让全世界瞩目的奥运盛会，而且中国人在各个不同的运动项目中都有精彩的表现。

现代科学、现代体育正在让中国融入世界，也让世界了解今日中国。

中国古老文化中“飞檐走壁”“刀枪不入”等玄而又玄的东西，在骗人和误人中终于在 20 世纪初被西方列强的枪炮打得粉碎。“枪炮声惊醒沉睡梦”，那是多么不堪回首的一幕啊。

不尊重科学，那注定要受到现实的惩罚，而科学是依逻辑和实证而成立的！今天崇尚科学、崇尚实力正在成为中国人的价值取向。

而击剑，如果没有体能做坚实的基础，光谈技术与战略，注定是空中楼阁，注定是要失败的。回顾自己的这次奥运比赛，体能无论如何都无法恢复到年轻时候了！其实传播和推广击剑运动和击剑教育，也是传播和推广让人们重视实战和实证的科学理念。

2008 北京奥运会还在继续，菊杰却又要收拾行囊匆匆赶回加拿大埃德蒙顿的击剑俱乐部，那里还有很多学生等着她教课呢。回去前，父母兄弟姐妹家里人难得聚上一聚，大家选了一家南京秦淮河边上的酒店，那些熟悉的家乡菜，那些熟悉的乡音，让人无比惬意又有淡淡的乡愁……

席间，大家开心地聊家常，尽情地喝酒；不知谁说了句：菊杰这次参加北京奥运，可以借王国维先生的治学三境界来戏说：

昨夜西风凋碧树，独上高楼，望尽天涯路——两年拼搏路；

衣带渐宽终不悔，为伊消得人憔悴——法国机场那一幕；

众里寻他千百度，蓦然回首，那人却在，灯火阑珊处——花开一朵“祖国好”！

“好！好！好！”

“来，大家干杯！”

当晚，大家都非常喜悦而尽兴，本次奥运之行，正如菊杰在自加拿大飞中国的航班上所写的博文：最富有意义的奥运会是参加祖国举办的2008北京奥运。

不是有句诗叫“兴尽晚归舟”吗？但菊杰却没有这么好诗意，因为明天一大早她还要急匆匆地赶往上海国际机场飞回加拿大，那里还有一大帮习剑的学生等着她呢！

入选加拿大埃德蒙顿体育名人堂，栾菊杰的照片与其他名人一起，悬挂于埃德蒙顿市政大厅

一丝不苟倾囊相授

加拿大著名击剑教练 JUJIE LUAN 栾菊杰

让我们把目光投向 28 年前的 1988 年吧，那一年的奥运会在韩国首都汉城（现今首尔）举行。可惜，中国击剑名将栾菊杰没有卫冕成功。从《扬眉剑出鞘》闻名全中国，到 1984 年获得奥运会击剑金牌，祖国给予了栾菊杰至高的荣誉！

1988 年汉城奥运会失利，报纸等媒体没有人再去关注栾菊杰，因为报纸媒体等都去关注另一名中国知名体操运动员李宁了。1984 年李宁在洛杉矶奥运会上比栾菊杰更加辉煌，一人夺得 3 金 2 银 1 铜的好成绩，“体操王子”的美誉就是从那时开始的。因为那个特殊的时代，当这位被誉为体操王子的运动员在 1988 年的奥运会吊环、鞍马等项目上失误时，有的报纸竟把人们称呼李宁“落马王子”的话登载在醒目的版面上。

2000 年，中央电视台曾经做过一档体育人物纪录片《百年传奇》，其中《洛杉矶奥运冠军——李宁》一片记录了当时的一个细节：“1988 年，从汉城奥运会回到北京后的李宁，因为害怕别人的责骂，甚至连银行都不敢去。”当时，李宁不得不面对的残酷现实就是：他正由一个时代的英雄，变成一个时代的“弃儿”。

同在中国国家队大家庭中的栾菊杰，在很多方面是感同身受的。1988 年兵败汉城奥运会后，虽然满身伤病，但菊杰依然无比热爱着击剑，并且希望她的击剑生涯能够更长，但时年 30 岁的栾菊杰面临一个人生的新选择。

真实的人生永远比戏剧更奇妙，20 年以后，中国北京举办 2008 年奥运会！

20 年前，李宁在汉城黯然告别了奥运，回国后毅然跨入商海，和运动员在运动场上历尽拼搏夺取金牌一样，李宁在商场上历尽拼搏创办了中国第一体育品牌——“李宁”。将由谁点燃北京奥运会主体育馆的圣火，最后一位火炬手的身份成为 2008 年北京奥运会最大的机密。最终，2008 年 8 月 8 日晚上，作为世界体操界一名伟大的运动员，李宁亲手点燃了北京奥运会的圣火。而栾菊杰则再次挑战作为运动员的生理极限，以加拿大击剑运动员身份参加在祖国举办的奥运会！迄今为止，她是世界奥运历史上参加击剑比赛年龄最大的女子花剑运动员！

在 1988 年，作为获得过奥运金牌的运动员，国家给了栾菊杰两个选择——在中国国家击剑队当教练或是到江苏省体委任职。虽然近 30 年过去，中国国家队的运动员退役后的出路依然没有大的改变：奥运金牌运动员国家会有适当的安排，而普通运动员退役后只能自己找出路！

栾菊杰却选择了出国留学。她想到外面的世界去学习，去拼搏！

其实栾菊杰心中有个新目标——通过留学进入国际剑联工作。在十几年的击剑生涯中，栾菊杰没少在裁判问题上吃亏，在她眼里这是因为在国际剑联里没有我们中国人，而要进入国际剑联首先需要的是语言，菊杰退役时刚好有一个去加拿大阿尔伯塔省立大学留学的机会，她在和家人稍做商量以后就坚定地选择了出国留学。

菊杰的想法得到了江苏省体委领导的支持，很快她就办理好了各种手续，于 1989 年初登上了飞往加拿大的航班，目的地是阿尔伯塔省埃德蒙顿。

她曾在埃德蒙顿参加过 1983 年世界大学生运动会并夺得了金牌，当时的比赛恰好就在阿尔伯塔省立大学举行。

栾菊杰来到了这座当时没有几个中国人知道的加拿大城市，怀着一个远大的新目标来到加拿大。

设在埃德蒙顿的阿尔伯塔省立大学给了她最高奖学金。菊杰当时的梦想是学成争取去国际剑联，改变当时中国和亚洲击剑手受不公平待遇的状况。栾菊杰一个人来到埃德蒙顿留学不久，她的先生顾前来陪读，两人也终于结束了一个北京一个南京的两地分居生活。

美好的生活开始了！亲戚朋友们也都很羡慕，纷纷送来真诚的祝福！

然而，很快栾菊杰发现，一天一天真实的留学比想象的难上百倍：首先，语言就成了学习和生活的最大障碍。除了最简单的 HI(你好)、BYE(再见)，还有从 1 数到 5(那是因为击剑比赛时小组赛经常打 5 剑，听多了自然有印象)，其他英语

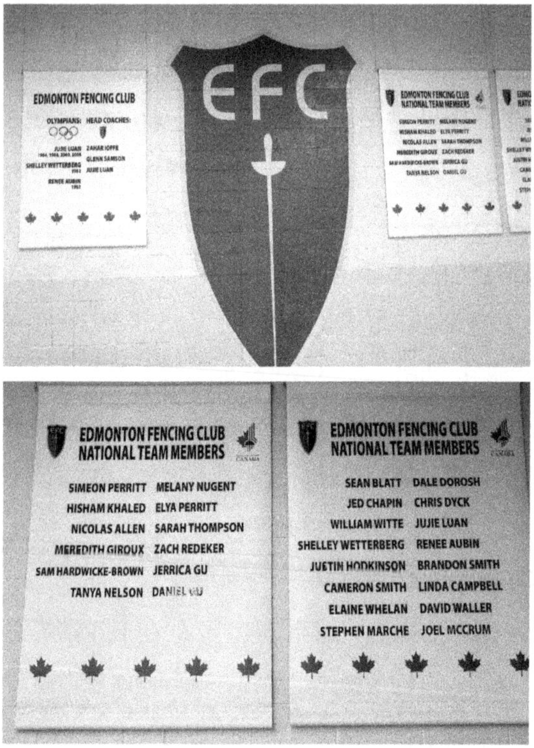

历年来埃德蒙顿击剑俱乐部入选加拿大国家队的成员名单

她几乎什么都不会。

大学课程看来根本没法学，怎么办？

晚上回到居住的“家”，“怎么办？”她无助地望着自己的先生。然而，她的先生也想不出办法。学习比学剑难多了，菊杰想起自己学剑的经历，觉得最苦的锻炼、最难的技术动作，没有什么事是自己战胜不了的。可是，面对加拿大的大学课程，她有点找不到感觉，找不到方向了。

第二天一早，学还得继续上！勉强听完上午的课程，栾菊杰赶紧收拾击剑包，她下午要赶去给一所大学的学生上击剑课。

奇怪，同样是上课，同样是面对一大堆老外，而且这不是去听课而是去给老外上课，一路上菊杰感到心里却不怎么紧张。她心里突然明白：只要剑在手，她就立刻有了定心丸，仿佛有一股神奇的力量注入到她的身体，给她无与伦比的自信！

一方面是语言上的问题，每天在教室里听“天书”让她感到枯燥无比；另一方面是她很快就找到了两份兼职工作——阿尔伯塔省击剑协会为她提供了当地大学击剑教练的工作，一位尊敬的前辈也为她联系到埃德蒙顿击剑俱乐部的教练工作。

做自己擅长的事和热爱的事，你才会得心应手！栾菊杰做击剑教练可比读书来得轻松。不仅如此，她的专业能力也立刻受到了俱乐部的肯定。

几个月以后，她找到校方有关部门，提出申请说：奖学金我不要了，让我去击剑俱乐部教剑吧。校方经过审核最后同意了菊杰的请求。

学虽然不上了，但栾菊杰提高语言水平的目标仍在继续。菊杰想：“人家说一句我就跟一句，回一句，语言关多说多练总会过的。”随着时间的推移，她慢慢地克服了语言障碍，菊杰在加拿大的工作生活也逐渐进入了“快车道”。

菊杰以她一贯的做事一丝不苟、做人满腔热忱的风格赢得了身边越来越多人的肯定。

1990 年，埃德蒙顿击剑俱乐部解雇了原来的全职教练，将这一职位留给了来自中国的栾菊杰。

对菊杰和她的先生来说，这是个上天赐予的好消息！这不仅让她有了一份全职教练的正式工作合约，更重要的是证明了在异国他乡的加拿大埃德蒙顿，她的工作能力和为人得到了本地学生、家长以及俱乐部老板的肯定。更现实的是她当初出国时只随身带了三千美金，而来到异国他乡打拼，三千美金只够支付 8 个月的房租费。现在有了埃德蒙顿击剑俱乐部教练这份工作，至少有个安身立足之地！

可是，到了晚上回家，高兴之余的菊杰却在心里不安起来。她内心的善良秉性让她想到，那名被解雇的教练，他怎么办啊？

第二天，菊杰特意找到俱乐部负责人，别的教练被辞去了职务，她觉得很过意不去，但老外很直接地对菊杰说：这和您没有关系，而是他自己不够专业和敬业！一个人因不够专业和敬业而被解雇，这才正常，对他的将来也不是坏事啊！

等到成为埃德蒙顿击剑俱乐部全职教练以后，栾菊杰也辞掉了在阿尔伯塔大学的兼职工作，专心在俱乐部执教。

菊杰的工作时间是周一到周五下午 5 点至晚上 10 点，周六上午 9 点至下午 3 点，有时还要代理当地高中的体育选修课。为提高俱乐部击剑水平，菊杰根据自己的经验，制订了严格的身体素质和技巧训练计划，一开始很多学员和家长还不接受，但一段时间下来看到效果后，大家也就再没异议了。26 年的忙忙碌碌让栾菊杰成为了加拿大的“击剑妈妈”——在加拿大击剑排名前十的击剑选手中有一半来自埃德蒙顿俱乐部。每年的全国比赛他们总要包揽一半以上的奖牌，栾菊杰也年年登上加拿大击剑协会的光荣榜。

在这 26 年里，埃德蒙顿俱乐部的会员由 50 多人发展为近 300 人，成为加拿大最大的击剑俱乐部。虽然现在栾菊杰时不时会收到来自加拿大其他省份和美国的工作邀请，而且薪水远比埃德蒙顿要高，但栾菊杰从来没有想到过离开。这里不仅有一群她难以割舍的学生，更有“栾菊杰杯”——一项以她名字命名的击剑公开赛。经过数年的努力，栾菊杰已经成为阿尔伯特省击剑运动的一面旗帜，她从 2001 年到 2004 年连续四年当选为埃德蒙顿市最杰出运动员。阿尔伯特省击剑协会从 2004 年开始，把此前名为“北阿公开赛(NORTH ALBERTA OPEN)”的击剑比赛改名为“栾菊杰公开赛(JUJIE LUAN OPEN)”。要知道，在全世界范围内以现役运动员的名字命名的比赛是很少的。

菊杰领悟到：人生真正通向世界、立足世界的不是大学学位证书，也不是奥运金牌；而是做事一丝不苟，做人满腔热情！就是英语的 EARNEST 和 PASSION 两个单词。而无论是 EARNEST 还是 PASSION；都需要将心注入（POUR YOUR HEART IN IT），古今中外，概莫能外！

留学生活的前两年，终于千辛万苦地熬过来了，这种苦，更大的是心理上的历练和磨炼。

当时中国国内的电视台正在热播《北京人在纽约》(由知名演员姜文主演)，由知名歌手刘欢演唱的片中主题曲也随之为人所熟知：

千万里我追寻着你
可是你却并不在意
你不像是在我梦里
在梦里你是我的唯一
Time and time again
You ask me
问我到底爱不爱你
Time and time again
I ask myself
问自己是否离得开你
……

这首歌似乎不停地在告诉和提醒人们，那个年代有多少热血的中国青年在“出国潮”的洪流中，正打拼在外面世界的各个角落。

等稍后电视台又跟风播出《上海人在东京》(由知名演员陈道明主演)的时候，一次菊杰他们和几位同在加拿大打拼的中国同胞聚餐，情不自禁地调侃着说：“嗨，我们这还可以再加一出《南京人在加国》呢！”

今天，人们看到了菊杰了不起的光彩一面，而她的家人却清晰地记得她一路走来的艰辛和坎坷。

1991 年，菊杰迎来了生命中的重要一刻，她要当妈妈了。

当时已是大龄产妇的栾菊杰憧憬过很多做母亲的快乐，这一年，她的大女儿出生了。但女儿出生后，即被送进了特护病房。医生告诉她，孩子心脏不好，可能将来智力也有问题，无法像正常孩子那样说话。

如遭雷击的栾菊杰真是心如刀绞，感慨命运。一到晚上病房里人少时，夫妻俩无法用语言来疏解和表达情绪，唯有相互抱头痛哭。第二天，医生建议他们可以选择不要这个孩子，送给相关机构抚养。

栾菊杰坚定地回答："不，我们一定会自己养。"女儿再怎么也是自己的骨肉啊。

时隔 17 年后，菊杰在 2008 年参加北京奥运会接受 CCTV 等媒体采访时说，女儿出生，这一刻，让她明白这世界上没有什么比生命更重要！

加拿大政府对残疾儿童的抚养有特别完善的资助政策：孩子 18 岁以前无论是亲生父母抚养，还是请人抚养，政府按月都有补助。18 岁以后，则完全由政府负责其生活起居。在异国他乡，加拿大政府的这些政策给了这对年轻的中国夫妇一些安慰。

后来，栾菊杰夫妇又生了二女儿、小儿子，但她最多的爱都还在大女儿身上。在参加奥运预选赛期间，因为医生说女儿的心脏起搏器随时将要更换，她甚至几度想放弃比赛。现在身材颀长的二女儿跟栾菊杰十分相像，击剑也学得不错，还拿过加拿大 U20 的花剑冠军；儿子也成长起来，拿了加拿大 U17 的花剑冠军；大女儿则白白净净，脸上挂着甜甜的笑，总是在场下或家里做着特别为她设计的运动操。"尽管没有给她一个健全的身体，但要给她一个健全的人格。"栾菊杰说。

她还说，教孩子运动，是想让他们知道，竞技体育是要对决实战的，需要艰苦的付出，坚强的毅力和不懈的坚持。"我当然也希望自己的孩子将来能参加奥运会，毕竟那是个世界一流好手的最高竞技舞台。但他们是否要以此为事业，我看并不重要。他们应该有自己喜欢的生活。"

栾菊杰的姐姐栾菊红感叹妹妹的不易。如今菊杰的大女儿梦佳一天天长大，已经是一位二十多岁的大姑娘，顾梦佳直到现在还要定期到医院检查、治疗。那年，栾菊杰放弃了参加亚特兰大奥运会，可是，她的心却从未离开过击剑。

四年后的 2000 年，栾菊杰不可思议地出现在了悉尼奥运会的赛场上，当时她已经 42 岁了，而且生下二女儿以后还没有恢复多久，当年法新社记者在报道中称她为“不老的剑客”。

在为 2008 年北京奥运会征战奥运积分赛的过程中，栾菊杰也曾经想过放弃。2007 年 7 月，加拿大击剑协会为了备战泛美击剑锦标赛，要求栾菊杰去蒙特利尔集训一个月，那时她差点想放弃了。她觉得看不到希望，况且长期训练比赛，怎么挣钱？怎么照顾家庭？

“这一切都还要感谢我老公。当时我跟老公说了我的想法，他断然拒绝，说我已经付出了这么多，不能说放弃就放弃。而且他率先给加拿大剑协回了邮件，说我肯定会去集训。他当时对我说，你一定要完成你的比赛，其他的不用想太多。”

菊杰常说：“在家中我是士兵，老公才是将军。我们结婚二十多年了，风风雨雨一路走来，他一直都很支持我。因为有他，我们这个家才和谐、幸福。”

经过多年的打拼，菊杰一家如今在距离埃德蒙顿击剑俱乐部十多公里的地方有一栋三层小楼，家里所有的布置都出自菊杰之手。教学之余的时间她把心思都放在家庭生活上，做饭、织毛衣、给孩子理发，都是我们意想不到的一位奥运冠军在家里的绝活。

栾菊杰在加拿大击剑界的无私付出和击剑教学上的一丝不苟赢得了俱乐部领导层和广大学员及家长的赞许和肯定。加拿大阿尔伯塔省相关部门为表彰栾菊杰在击剑教育事业上的卓越贡献，也是感谢和纪念菊杰兢兢业业执教 15 周年，于 2004 年特别把原先的“北阿公开赛”更名为“栾菊杰公开赛”。在加拿大以一个运动员的名字命名一项赛事，是很罕见的。

“宣布这一决定时，与会人员三次起立鼓掌。我平时是很少哭的，但我当时激动地落了泪。”时隔 12 年后，当菊杰和我讲起当时的情景时，依然充满了感情，仿佛又回到了当时的现场。

“因为来加拿大前，您知道，我在国内参加各种荣誉表彰会实在是太多太多了，我开始以为加拿大的也差不多，所以那天也没有特意穿礼服。但是结果现场太感动、太隆重了，就像电影奥斯卡的颁奖盛典一样，您能感受到他们每个人都发自内心地为你鼓掌。真的，我很少后悔的，但这次我真的后悔没有穿盛装礼服！”

现在“JUJIE LUAN OPEN”每年举行一次，2015 年 11 月已经成功举办第 11 届。很荣幸，作者亲身全程参加了第 11 届公开赛，还获得了 30 岁以上年龄组的重剑铜牌呢！

2008 年 6 月 11 日，栾菊杰经公众票选入选埃德蒙顿市体育名人堂，可以说

2015 年第 11 届 JUJIE LUAN OPEN，本书作者获得 30 岁以上年龄组重剑铜牌

是对她多年来在加拿大热心推广击剑教育事业最好的一种承认。她是迄今为止获得如此殊荣的第二位华人。

据加拿大《星星生活》报道，从中国第一个，也是亚洲第一个女子花剑世界冠军，到以 50 岁的运动高龄成功取得代表加拿大出征北京奥运会的资格，栾菊杰诚可谓一个不断创造奇迹的名人。

“一丝不苟，倾囊相授”，一个中国女人，不远万里来到加拿大，菊杰已经整整执教 26 个春秋！

一生无悔奉献国际击剑教育事业

国际击剑教育家 JUJIE INTERNATIONAL 菊杰国际

加拿大埃德蒙顿，当地时间 2015 年 11 月 24 日，晚餐时我们一起喝了加拿大本地出产的一种“冰酒”（这是一种口感有点偏甜的葡萄酒）和一支法国葡萄酒。

“栾老师，我敬您一杯！感谢您邀请我来埃德蒙顿亲密接触 JUJIE LUAN OPEN 赛事和您的俱乐部击剑教学！”

“不客气，不客气，只要对击剑事业有帮助，无论是对中国还是别的任何国家，我都愿意！”

“我们的俱乐部经常有美国、日本、韩国等国家的学生来交流。场馆里的旗子您看到了吗？那是去年韩国学生来交流留下的，我真心希望哪天有中国来的大批学生！”

“一定会有的！我们回去努力！来，我们为未来干一杯！”

“好，干杯！”

从 1978 年《扬眉剑出鞘》到 2015 年；从曾经鼓舞几代中国人到 2008 一声问候感动中国；从 1989 年到如今在加拿大以及北美地区经过整整 26 年的一贯努力，今天的菊杰已经是一位国际击剑教育家。她的学生年龄上从 6 岁到 78 岁；地区上来自美国、加拿大、保加利亚、日本、韩国、中国……

她的家庭也是一个国际化的击剑团队：弟弟在中国国家击剑队从事佩剑的教学；妹妹一家在泰国从事击剑教学；女儿杰瑞卡和儿子丹尼尔已经逐渐成长并分别

获得加拿大 U20、U17 的花剑冠军。

第二天凌晨 4：30 我就要赶往埃德蒙顿机场，经过和栾菊杰一周的近距离接触和深入交流，我想我们应该共同为击剑教育在中国的推广和发展做出更大的贡献，付出更持久的努力！

虽然在国外拼搏多年，也生活多年，但菊杰始终认为自己的根在中国，在南京！

2008 年奥运会前夕回国，她带回了一百多件自己当年比赛的物品。自己只留了奥运会、世界大学生运动会和亚运会的金牌，其余的东西全部捐给了家乡——中国南京！

这一百多件东西里包括她的荣誉证书、金牌，那些都是她飞扬的青春和辉煌过去的印记。其中她本人最看重的就是那件 1984 年中国体育代表团发的运动服。

2008 年接受中央电视台采访时，菊杰说时隔 24 年这件衣服依旧很合身："这件衣服仿佛就是为我量身定做的，过了这么些年我还能穿得下，说明我依旧年轻！"菊杰的精神依然感动着身边很多人！

菊杰的精神不仅鼓舞和感动普通大众，她一样或者说更深层面地感动和激励着她的中外同行。

中国中央电视台采访意大利名将、花剑奥运冠军维扎莉时，这位被意大利和国际奥委会评为最伟大的运动员坦言，自己的偶像就是中国的栾菊杰，她是自己生命中无法超越的目标！

《李娜：曾经训练到吐胆汁因为栾菊杰而勇敢复出》是中国辽宁省《城市晚报》上的一篇报道：

2004 年备战雅典奥运会时，李娜甚至练到吐胆汁。

北京奥运会后，成绩不佳的"娜姐"选择了退出国家队，结婚生子。李娜心中的偶像是 1984 年洛杉矶奥运会击剑冠军栾菊杰，当看到栾菊杰到了 50 岁还在奋战，李娜仔细考虑后回到了辽宁队。由于孩子小，李娜舍不得离开他。孩子正是好玩的时候，哪个做妈的不想用眼睛记录孩子成长的点滴？于是她先来到沈阳，在训练馆附近找了房子，没多久就把孩子接来了。同时为了让李娜安心训练，辽宁队特意为之找了保姆，这样就没有后顾之忧了。

2011 年世锦赛，李娜拿到冠军。伦敦奥运会，李娜又拿到冠军。所有的付出都是值得的。

菊杰精神也一样感染着她的中国同行。

自从 1989 年一脚踏出国门，菊杰的击剑教育事业在 26 年间不断发展，栾菊杰以她的爱与坚韧，以及出众的击剑才华不仅赢得了加拿大阿尔伯塔当地政府和学生的尊重，也在北美地区和世界上的其他地区拥有了自己的影响力。对自己的学生，她像一个母亲般倾注了无数心血，目前加拿大男花前 8 名的选手中有 4 名是她培养出来的，她在北美拥有 300 多名学生，而她 26 年中通过各种学校各种方式教过的习剑学生更是成千上万，数不胜数。

她的其中一位在加拿大维多利亚大学就读的学生在短信中如此评价她：

You're the nicest human-being I've ever met. I know you're gonna deny it, but trust me it's true.

您是个特别温暖的人，短短四天的相处已经让我对您产生了些情感的牵连，我想我会时常惦记您的。朝夕相处这些天，从在俱乐部到家里，看着您一刻不得闲的忙碌的样子，敬佩之余还有些小心疼：您真的是太辛苦了。只能希望您能在辛苦同时得到更多的快乐和满足吧。每个受过您恩泽的孩子都会继承您的善良而成为更好的人，这真的是一件很伟大的事。对我而言呢，这次在击

菊杰为第 11 届 JUJIE LUAN OPEN 花剑混组前三名颁奖

第 11 届 JUJIE LUAN OPEN U10 前三名合影

第 11 届 JUJIE LUAN OPEN U12 前三名合影

第 11 届 JUJIE LUAN OPEN 女子花剑前三名合影

剑上的收获真的很多，感觉来找您学击剑是我做过的最最正确的选择，没有之一。我会在实战中多注意自己的动作，争取下次找您的时候击剑中的坏习惯能再少一点儿。并且，和您相处的所有时间都特别开心，不管是学剑还是一起聊天、泡澡、看电视（现在想想还是像做梦似的，哈哈哈），您就像个亲切的朋友一样。哎呀，不说啦，飞机还未落地，我就已经开始想念您了。好久没写过这么长的短信了，但请相信这里的每字每句都是肺腑之言。祝您美国之行一切顺利，请务必保重身体（照顾别人同时也要记得照顾自己哟）。

另外我有个小请求：您有空去买个护膝呗，膝盖受伤很难受的。（生理知识告诉我们膝盖还是很脆弱的。^_^）

特别感谢您这些天来的照顾（会想念您做的饭菜的）。

祝好，期待下次重逢。* 拥抱 *

明月　写于飞机上及温哥华机场

她另一位美国学生的家长因孩子学剑而早已和菊杰夫妇成为非常好的朋友，春节前夕发来祝福的短信：

新年快乐，身体健康，平安如意！我所看到的菊杰：菊中之杰，优秀杰出。心地善良，心智聪颖，心胸豁达，心灵高贵。高能，高格，胜过娇嗔的“文化人”！

菊杰的“宝贝”——时年已 78 岁的花剑学员（左一）

2004 年，加拿大阿尔伯塔省政府为了表彰和感谢栾菊杰为击剑项目所做出的卓越贡献，特意以栾菊杰的名字命名了一项赛事“栾菊杰公开赛”。这种荣誉，在旅居国外的华人中，包括著名运动员中都是极为罕见的。但栾菊杰一如她当年在中国对待荣誉时一样，并没有骄傲更没有沾沾自喜，她总是谦虚地说：“虽然我有些名气，但别人还是要看你工作实绩的。我一直都很清楚，要对得起那些冲你名气来学习击剑的那些人，应该把弟子当成自己的孩子。”“做事认真，做人热情，我就是凭英语里的两个单词（EARNEST、PASSION）读社会大学的书，闯世界的大舞台！”

“菊杰国际”——新的梦想，新的征程再次出发！

早在 2007 年的一次回到中国的行程中，她就在心中谋划不仅仅是参加击剑世界杯上海站的比赛，她还希望借这个机会募集资金，在国内开办一所击剑学校，从最基础，从青少年中普及击剑运动，从而提高中国的击剑水平。

虽然身在国外，但菊杰非常希望使击剑运动在中国发扬光大，她希望招募一些老运动员、冠军选手以及企业家来筹集一些资金，在中国发展一所击剑学校，普及幼儿、青少年的击剑运动。

栾菊杰说，其实击剑这个项目真的很适合中国人，因为中国人反应灵敏，而且人多，因此选材很容易。目前国内击剑主要是国家队、省队或者市队，她希望在这些性质的击剑队伍和学校之外，能够有一些由民营组织的击剑俱乐部和击剑学校来普及击剑知识，推广击剑运动。

2015 年菊杰开始在美国犹他州的美国国际学校教习击剑，美国击剑最近几年的发展简直可以夸张地说，既有铺天盖地之势，又有突飞猛进之绩！

美国的大众体育和竞技体育得到完美的结合，真是有太多值得我们中国学习的东西，她的心中有了隐隐的紧迫感！

“行动！行动！行动！”

只有行动才能改变现状，哪怕改变一点点，但翻天覆地的巨变不都是从点滴开始吗？

“国内有句话叫作‘有心栽花花不开，无意插柳柳成荫’，也许通过这样的基础击剑学校和对击剑运动的推广，能够培养出不少的奥运冠军。”

栾菊杰相信，中国经过改革开放，国内的慈善家、企业家已经越来越多，再加上他们这些老运动员、海外运动员的努力，一定能办成一所这样的学校，一定能将击剑运动发扬广大！

她要率先垂范，先从中国加拿大青少年击剑夏令营开始，于是从教学大纲的制定到课程具体设计，从教练团队的选择到特别邀请中国华东师范大学的教育学博士参加她都亲力亲为，菊杰从来就是一个行动者！

2016 年夏季，第 31 届奥林匹克运动会即将在巴西举行，菊杰内心想：

“是的，是时候了，我当为击剑教育事业在中国，在世界，在更宽广的舞台上倾尽自己全部的智慧和力量。”

世界各地的习剑学子掠影

美国

周东亮（麻省理工学院校击剑队队员）

东方少年

2013 年元月，美国麻省理工学院优秀击剑会员周东亮同学，回到家乡杭州。周东亮同学原为杭州击剑教育中心（位于杭州城北体育公园）的会员，2012 年他以优异的学习成绩与综合素质被美国知名高校麻省理工学院录取；不仅如此，更由于周东亮同学在杭州击剑教育中心学习过 2 年多的击剑，他还成为麻省理工学院历史上校击剑队首位来自中国的学生。

周东亮（后排右 4）和他的击剑队友

2013 年元旦前夕，周东亮同学回杭州，当他得知现在杭州有越来越多的中小学生开始学习击剑，而他曾经学习击剑的击剑教育中心在城北体育公园的设施和教练组也越来越好以后，作为击剑中心的老会员，他感到非常高兴与兴奋。听说杭州十三中有近60人的击剑社团，他马上答应与杭州十三中击剑社团的学弟学妹开展交流活动。

1月12日下午12点半，杭州十三中击剑社团的同学们一听说要和来自麻省理工学院的大哥哥交流击剑以及学习，一个个都十分兴奋，他们早早地来到位于杭州城北体育公园的杭州击剑教育中心，穿上英姿飒爽的击剑服装，提前做起了热身以及准备动作，纷纷准备和大哥哥讨教击剑技术以及学习心得呢！

下午13：30 — 15：40。整整2小时，几乎每个同学都和周东亮师哥打了击剑比赛，又得到了他的击剑辅导。有几位同学还好奇地向他询问美国大学的情况，以及美国麻省理工学院校击剑队水平等问题。

时间总是匆匆，这次杭州击剑活动也得到了杭州十三中体育组以及广大家长的重视和支持。在意犹未尽的氛围中，大家合影留念，纷纷表示感谢击剑教育中心组织这样有益的杭州击剑活动，一致希望杭州击剑教育中心将来继续安排类似的交流活动。

美国麻省理工学院优秀击剑会员回杭州与杭州十三中击剑社团交流

法语：Je vous souhaite bonne chance（译文：祝您好运）

美国

柴枭太（美国贝佩丝学院全校满分学生）

家乡之美和击剑之缘

来到美国求学，当向同学们介绍自己时，我才发现家乡在我心中是如此美丽和难以忘记。

2013 年，我不仅收到了来自美国贝佩丝学院（BAY PATH COLLEGE）的录取通知书，还幸运地获得了该校的全额奖学金。当收到通知书的那一刻，我高兴地跳了起来，而当我把消息告诉爸爸时，爸爸也激动极了，爸爸的眼眶里甚至有泪光闪动！

入学后，在一次班级活动上，同学们要自我介绍及介绍自己的家乡，那一刻家乡的许多美好突然都涌到眼前，我都怕时间不够我做介绍啊。

记得高中读书时，看到清代文学家李渔称赞过我们的家乡兰溪是“看一眼不足为奇，看两眼怦然心动，看三眼引人入胜”的地方。

而我家就在离大名鼎鼎的兰溪诸葛八卦村不远的村子；当我费了好大的劲把已有 700 多年历史，“青砖黛瓦马头墙，肥梁胖柱小闺房”的建筑风格的中国古村落、古民居的典范，“世界旅游极品”诸葛村古建筑介绍完了以后，同学们边听我介绍，边看图片，出现的是似懂非懂的神情，也许中国的易经八卦太深奥了吧！

当介绍我自己时，同学们看到我的一张穿着击剑服的照片，都露出了惊讶的神态，那好像在说：“嗨，你还会玩击剑啊！”

这次活动以后，也许是家乡独特的风景，也许是击剑这项独特的运动，同学们一下子就记了住我这位来自中国的女生。

美国

蒋林宗（美国华盛顿大学）

多么荣幸我成为了李小龙的校友

击剑运动，一项我异常神往的运动。

早在高一时，我看到一位在纽约的朋友的几张照片。照片上的他身着击剑服，手持一柄亮剑，在剑道上与对手厮杀。虽然我没有亲眼看到赛事，但是我却感觉到了那种厮杀的紧张与刺激。

2015 年，我幸运地被美国华盛顿大学录取。一代武者李小龙先生就是在这里就读哲学的，想到这些令我内心暗暗地激动不已。一到暑期，我就正式开始了向往已久的习剑之旅！

经过一个月的学习，我发现击剑这项运动简直是一场关于个人修行的苦旅。赛道上考验的有体力和技巧，但更多的却像老师所说考验的是人的内心。一个人的内心越强大，那这个人在赛道上就越是从容，越是能伸能缩，能进能退，能快能慢。

回想起刚开始练习步伐的时候，我就对老师的话深有体会。击剑运动的步伐看上去既四平八稳又非常灵活机动，但是事实上却并不好做。两腿要往下压，对于很久没有剧烈运动的我来说，刚开始时原地坚持一分钟都是煎熬，不要说前进后退，更别提什么机动灵活了。这枯燥的前期训练不仅锻炼了我的体力与技巧，还考验了我的心理素质。

然而枯燥不久便换来了兴奋，当拿起属于自己的重剑，穿上崭新的剑服然后走上剑道的时候，我相信每一个内心有激情的人都会感受到血液的温度在急剧地上升。这一种感觉是没有经历过的人无法想象的。击剑是一项关于个人的运动，任何成败都是自己一手造成的，没有任何机会把责任推卸给他人。这也是我喜欢击剑的一个非常大的因素。

我认为在这一个月的时间里，学到的不仅是关于击剑的知识，还有老师常常提到的一个哲理，那便是无论对手有多强大，都要临危不惧直视对手（包括困难），然后想尽办法一剑一剑地战胜他。我觉得这将让我终身受用。

习剑，这只是开始，我想我会不断练习不断体悟的！

是的，我还有一个了不起的校友呢！他将永远鼓舞我努力！

英国

余旬之（牛津大学）

动与静及无限的好奇心，我的两点学习心得

一、充满好奇心（老师把它称之为求知欲）；

二、动静结合（尤其是要能静得下来，就是中国成语“静若处子，动如脱兔”）。

加拿大

Daniel

加拿大 U17 花剑冠军
北美花剑 U20 亚军

中国

陶馨羽

浙江省击剑联赛总决赛
女子花剑 U10 组第一名

中国

郭杭佳

浙江省击剑联赛总决赛
女子佩剑 U8 组第一名
女子佩剑 U10 组第一名

中国

王樊昕（浙江大学本科，美国伊利诺伊香槟分校研究生）

我心一方，那些从击剑中学会的事

“昂噶（EN GARDE）！”

“阿雷（ALLES）！”

一次偶然的机会，让我来到了这里。那个周末，风和日丽，击剑中心里满是朝气蓬勃的少年们的身影，真剑实干的实战。这充满着魅力的运动很快让我萌发了兴趣，于是，我迫不及待地开启了自己的击剑学习之路。

击剑运动是一项历史悠久的传统体育运动项目。从远古人类出现开始，剑就是人类为了生存同野兽进行搏斗和猎食所使用的工具。说来也巧，初中时太极热，学校组织我们做完广播操后打太极，由此，我很幸运地对中国传统的太极和太极剑也稍有涉猎。相比于太极、太极剑，击剑最大的特点是攻防犀利，没有表面文章，一切都是为了战斗。

在中世纪的欧洲，击剑与骑马、游泳、打猎、下棋、吟诗、投枪一起被列为骑士的七种高尚运动。而中世纪的欧洲，击剑还是绅士贵族的决斗方式。决斗中每一个多余的动作都有可能让自己失去生命，所以击剑中没有传统武术冗余的招式。而这也创造了击剑瞬息万变的魅力。

我一开始学击剑，是为了强身健体，培养个性化的兴趣，增加将来出国之后可能的交友机会。半年下来，我的确在挥洒汗水中锻炼了体魄，更重要的是从击剑中学会了人生哲学。

还记得开始学习击剑的一个月后，刚刚练会了基本功，每个星期都去和同时训练的小伙伴打一场友谊赛，出一身汗就回来。那时得到的经验、增长的智慧很少，只是机械化的训练，让自己的身体被迫地熟悉剑道上的生活，没有深入地分析、了解运动。同时间还有许多杭州十三中的初中生，每每和他们比赛的时候，学了三个月的打不过学了半年的，学了一年的勉强能打败学了半年的，大家互有输赢，但是剑术差距不大。作为一名人高马大的大学生，虽然手长，体能好，但是我没有体会到剑术的精髓。

后来偶然的一次机会，看到 MAGI 老师拿着毛笔在练字（MAGI 老师的书法写得很棒），并启发我毛笔和剑的关系，这让我体会到剑术不仅仅是剑术，它还和生活息息相关。

剑术，英语中叫作 FENCING，也有围墙篱笆的意思，也就是对外来的攻击要防守得密不透风，这样对方一靠近就会被你篱笆的刺所伤害。若是防守出现问题，那么只能被动地防御，就变成了 DEFENCE。这样的理解，不仅是对英语有所体会，在日常生活中，班级活动中，为人处世时都有借鉴的意义。MAGI 老师经常提到，人在剑道上，就要像一头机警的猛虎，时刻在悄无声息中盯紧对手，随时准备着发出致命一击。这让我体悟到，平时的生活中也要像击剑一样三全四到。击剑中，三全即全心投入、全神贯注、全力以赴，四到即身到、口到、意道、剑到，学习生活中，我如果可以做到三全和身到、口到、笔到、意到的四到，还有什么难题攻克不了呢？

而在三全之中，我对全力以赴有着更深刻的理解。中华武学讲究点到为止，武学的核心是仁，遇到打不过自己的对手要放下功力和他对练。我也曾因为受到这样思想的影响，在战斗中没有全力以赴，让比自己弱的对手战胜了自己。这也是因为从小受到了中庸思想的影响，就好比，18 世纪，西方已经进入了资本主义萌芽阶段，基本结束了封建主义的统治，而我中华还处于封建统治的顶峰，西欧强国用技术武装了自己，火烧圆明园，我们才从僵化的中庸思想中醒悟。

剑术也是勇气的体现，思想家歌德这样形容勇气：你若失去了财产——你只失去了一点，你若失去了荣誉——你就丢掉了许多，你若失去了勇敢——你就把一切都丢掉了。

想到剑术和勇气，我不禁联想到了这几年越发猖獗的暴恐事件。如果大家能有勇气直面歹徒，不把脆弱的后背暴露，歹徒也就没有机会轻易地残害生命。我的马原老师也曾在课堂上让我们场景模拟，如果碰到歹徒，全班人有条理地分配任务，即使歹徒拿着大砍刀，也无济于事。作为一名浙江大学的大学生，每每到了期末，我也会听到有同学抱怨说课程太难肯定考不好。从心理角度来看，他们已经失去了面对这门课的勇气，也往往很难取得好成绩。正因为我从击剑中明白这个道理，期末以一颗平常心对待，所以才能发挥出正常水平。

细细一数，学习击剑也有半年了。这半年来，我很快乐，在结交了朋友的同时，也领悟了许多道理。

第二篇

击剑教学理论

一、习剑的目的和益处

（一）物质层面

增强体能力量和柔韧性，锻炼身体反应的灵敏性。

（二）精神层面

提升一个人的胆识、智慧、修养、文明、礼节。

（三）灵性层面

感受自己的心性，磨砺自己的心性，提升自己的心性，直至明心见性的境界！

菊杰国际的实践证明，在击剑教育的过程中，应充分尊重学员不同年龄阶段的身心特点，并将其作为安排教学的科学依据。

在大众击剑领域，我们的实践表明：小学生阶段，重点是兴趣培养和文化熏陶；初中生阶段，重点是动作技术；高中生阶段，重点是技术和战术；大学生及成年会员，重要的是剑道思想与人生探索，思与行完美结合！但贯彻始终的重中之重是每位学员人格的培养与养成！一个习剑者具备了成熟而过硬的胆商、智商、情商、德商，才能开启自己自律、自控、自信的美好人生！

二、击剑的基本技术

击剑技术是根据击剑运动实践经验和科学原理而形成的，能充分发挥运动员身体能力，合理有效地完成动作的方法。

合理性表现为遵循人体运动规律，符合生命科学与物体运动科学的原理；有效性是指结果，即科学合理的技术动作所产生的效果检验。

一般而言，科学合理的技术动作其结果往往是有效的；而有效的技术动作往往是符合科学逻辑的。

当然，真理是相对的。

同时必须考虑击剑运动技术特点和运动员个人特点还具有个性。并且随着实践的发展而发展，始终处于一个动态过程中，是可变的，因此又具有相对性，保持永不变的模式是不存在的，所以合理有效是相对的。

技术规范实际上是一种理想的技术模式，也可称为合理技术。任何一项运动，在入门时的基础训练阶段（一般需要较长时间），都要按照技术规范来进行教学。每一行都需要基本功。而打下扎实的基本功是将来技艺出神入化的根本保证。用一句有哲理的话说："没有规矩不成方圆。"牢固掌握基本技术的规范是不断提高技术水平的基础。技术规范是在击剑规则的制约下，经过长期运动实践及有关科学原理作为依据而形成的。如：实战姿势中非持剑臂要求屈臂上举是受规则的制约（非持剑臂不准遮挡有效部位）；侧身站立是为了要做到最基本的防御；持剑手手心向斜上方是求得最佳放松状态；两腿的弯曲度和两脚间距离的确定是求得身体重心处于合理位置，达到移动平稳和最佳发力角度。一切技术规范都是根据以上四个条件来制约的，同时也是符合科学逻辑的。

击剑运动属于技能类格斗对抗项目，击剑技术属于多元变异组合结构的开放性技术。它没有固定不变的模式，受规则和对手制约，比赛中很难按预定的程式进行，几乎找不到那种规范的技术动作，体现了技术动作的灵活性、可变性及实效性。

为了达到刺中对手的目的，所采用的技术动作必须按当时的情势，根据距离、速度、幅度、身体姿势等多种因素，来不断调整技术动作，这种调整是合理的，也是必要的，是在规范技术的基础上进行的。

三、武器介绍

（一）花剑

全长 110 厘米，重量不超过 500 克，剑身长为 90 厘米，横断面为长方形。

花剑是完全的刺击武器。只有剑尖刺中才有效，剑身横击无效。有效击中部位是除去四肢和头部的躯干部分。

花剑的击中有效部位由金属衣裹覆，这样，电子裁判器便可以分出有效或无效击中。花剑比赛讲究击中优先权，先发动攻击而且击中者得分。被攻击者须先做出有效防御动作后再进攻击中才有效。双方同时发起进攻相互击中均不得分，对于击中有效部位，电子裁判器一侧显示红色信号，另一侧显示绿色信号。当击中无效部位时，两侧信号均为白色。当剑的不绝缘部分接触到导电背心的时候，裁判器显示黄色信号。

（二）重剑

全长 110 厘米，重量不超过 770 克，剑身长 90 厘米，横断面为三棱形。

重剑是完全的刺击武器。只有剑尖击中有效，剑身横击无效。有效击中部位包括全身即躯干、四肢，以及面罩。

与花剑及佩剑不同，重剑的每次击中都有效。若双方在相隔不到 40 毫秒内相互击中，双方各得一分，电子裁判器应同时显示红色和绿色信号。超过 50 毫秒电子裁判器只显示一次击中信号（红色或绿色）。

（三）佩剑

全长不超过 105 厘米，重量不超过 500 克，剑身长不超过 88 厘米，横断面近似长方形。

佩剑是既劈又刺的武器。在比赛中，以劈中得分为多。有效击中部位是上身、面罩及手臂。

有效部位由金属衣裹覆。这样，电子裁判器便可以分出有效和无效击中。佩剑比赛也讲究击中优先权。先攻击而击中者得分。被攻击者须先做出有效防御动作后再进攻击中才有效。双方同时击中均不得分。

四、剑道

剑道场地应平整、无坡度、剑道光线明亮。

剑道的有效长度 14 米，宽度 1.5—2 米，高度 0.3—0.5 米，两端各有 1.5—2 米的延伸部分。

五、赛制

击剑比赛分为个人赛、团体赛。个人赛采用小组循环制和直接淘汰制，团体赛直接采用单败淘汰制。直接淘汰制的每一场比赛方法采用每盘击中 15 剑，比赛时间为 9 分钟。每盘分为 3 局，每局 3 分钟，局间休息 1 分钟。一名运动员击中 15 剑获胜，或者在 9 分钟规定时间全部用完时击中剑数多的运动员获胜。若在规定时间结束时出现平分，则需加赛 1 分钟。加赛中，击中第一剑的运动员获胜。加赛前，运动员必须进行抽签，若平分情况持续至加时赛结束，则抽中优胜权的运动员获胜。

团体赛每队 4 名队员，3 人参加团体对抗，一名队员作为替补。每场 3 分钟打 5 剑，共 9 场。先得 45 分的队获胜。

六、犯规与处罚

特殊情况下的直接得分。当某一运动员超出剑道的边线时裁判员叫停。如果出界运动员是在连续交锋中被击中，这一击中有效。当一名运动员的双脚完全超出剑道的端线，将被罚击中一剑。击剑比赛的判罚分为黄牌警告、红牌处罚一剑、黑牌罚出比赛三种。后文中将有更详细表格列出。

七、观赛礼仪

观众进入和退出场地时要有序，一般要提前到达场地，这是对运动员、教练员和裁判员最起码的尊重。在比赛开始时，一定要保持安静。不能在击剑场馆内使用闪光灯。手机要关机或设置在振动或静音状态。要给予运动员支持和鼓励，不能喝倒彩。当双方运动员交锋结束，裁判员下达“开始”和“停”的口令时，观众应保持安静，裁判员判罚之后，观众可为双方运动员鼓掌加油。

Part1 花剑

一、花剑的特征及有效部位

花剑是三个剑种中的基础剑种，不少击剑的初学者往往是从学习花剑技术开始的。刺是花剑的唯一有效得分手段，花剑有效刺中面积最小，交锋距离近，剑的接触多，变换交叉频繁，攻防转换多而快，因此，花剑要求技术全面、精细、准确、快速、多变、实用。

按击剑规则规定，花剑的有效部位为除去四肢和头部的躯干部分。上面至衣领顶端。侧面至肩袖缝线，即通过肱骨的顶部。下面沿髋骨顶端通过一条直线连接腹股沟皱褶的交会点。

二、准备姿势

（一）握剑

用手握剑柄的方法。掌握正确的握剑方法，是学习击剑技术的基础与先决条件。其目的是便于施用握力和手指的控制力，达到运用、控制剑身剑尖进行格斗。

（二）立正姿势与敬礼

1. 立正姿势

击剑的持剑立正姿势和普通列队立正姿势相同。面向对手，左手拇指第一指节与食指第一、第二指节相对捏握于剑根部并与护手盘凹面圆心接触，其余手指自然弯曲依次扶于剑身上，手臂自然下垂，剑尖向下置于体侧。

2. 敬礼

从面向对手呈持剑立正姿势开始，头面部不动，身体向左转 90 度，以右手握住剑柄，脚跟并拢，并相互垂直，以立正姿势侧立。右手所握剑经体前由下至身体右侧，屈曲持剑臂，使剑尖向上，护手盘位于下腭处。然后分别向裁判员、对手、观众，伸臂做致敬动作，礼毕呈实战姿势。

（三）实战姿势

实战姿势是击剑运动所特有的姿势，是击剑运动员开始准备进行战斗的姿势。一切击剑活动都是这样一个特定姿势下进行的，根据各剑种技战术特点和实战需要，实战姿势各有不同。

▲姿势要点

（1）脚的位置：右脚在前，脚尖向前方；左脚在后，其脚后跟垂直于右脚跟的延长线，脚尖向内。两脚成直角，两脚间的距离为一脚半，约与肩同宽。

（2）腿的位置：前腿膝盖在前足背的垂直线上，膝角约为 115 度，后腿膝盖在后脚尖的垂直线上，膝角约为 135 度，身体重心位于两脚（支点）之间。

（3）持剑臂的位置：持剑手手心向内斜上方，剑身与前臂在同一直线上，剑尖与自己颈部同高，且指向对手第三部位。肘角约 123 度，肘离身体右侧约 10 厘米。剑身、前臂、上臂与躯干保持在一同纵面上。

（4）非持剑臂的位置：手臂于体侧弯曲自然抬起，上臂与躯干约呈角 70 度，前臂与上臂约呈角 80 度，手腕自然放松。

（5）头与躯干的位置：躯干正直略含胸，两肩自然放松，头正直，面向前方对手，两眼平视。

三、步法

步法是合理有效地移动脚步的动作方法。它是击剑运动的基本技术之一。

（一）向前一步

（1）前脚：前脚尖略微伸（屈背）（连同脚背屈）起，再贴近地面随小腿向前迈出约一脚距离，然后脚跟先着地过度到全脚掌落地。

（2）身体重心：躯干随前脚向前迈出而前移，重心保持在两脚之间。

（3）后脚：随前脚向前迈出（起动），后脚以前脚掌内侧蹬离地面前移，距离与前脚相同。

（二）向后一步

（1）后脚：稍提起脚跟并贴地面后移一步（约一脚）再全脚掌着地。

（2）重心：同躯干随前脚的全脚掌握蹬地后移而后移。

（3）前脚：随后脚后退时前脚以全脚掌向前蹬地，后移一脚再全脚掌落地。

（三）弓步

弓步在击剑步法中占有极重要的地位。由实战姿势开始，完成弓步动作的三个环节：摆、伸、蹬，是有机的一气呵成的连贯的整体动作。

▲姿势要点

（1）右腿弯曲，小腿与地面垂直，膝角约呈 90 度。脚尖向前方全脚掌着地。

（2）左腿充分伸展，全脚着地脚尖向内偏后。

（3）上体稍前倾，向外侧。头正直，脸向前。两眼平视，腰部自然挺直，身体重心于两脚间略偏前。

（4）右臂伸向前方，左臂伸直于后下方，手心向上。

▲动作要领

（1）先伸持剑手臂再（连同脚）伸（背屈）前脚尖，同时以膝关节为轴，足跟紧擦地面，小腿向前摆出。

（2）在前小腿向前摆出，而膝关节尚未完全伸直时，大腿在小腿前摆的带动下积极前伸，重心随同前移。

（3）随着重心前移，后脚以全脚掌后蹬送髋，在前脚跟着地之前，后腿充分伸展，以加大后蹬力量获得加速，但脚掌不得离地面。

（4）前脚落地时以脚跟先着地再过度到全脚掌着地，并随着重心前移使小腿与地面垂直,同时不持剑手臂在最后一刻猛力向后下挥摆,以保持平衡。呈弓步姿势。

（5）弓步的长度（深度）取决于运动员的放松程度，体力、双腿的长度大小腿的比例以及做弓步的目的与战术的要求等而定。

弓步还原呈实战姿势的动作要领：前脚全掌蹬地伸（背屈）脚尖，过度到足跟用力前蹬并伸直膝关节，将身体向后上方推动。在前脚蹬地的同时，后腿膝关节迅速屈曲，这是还原动作的关键，靠双腿工作使躯干后移，最后还原呈实战姿势。向前还原，收后腿，呈实战姿势。

（四）向后跃步

向后跃步的特点：后退快速，距离大，可用来及时有效地摆脱险境或有意识地进行距离防守，多与向后一步结合运用。

▲动作要领

（1）前脚以前掌向前蹬离地面，身体重心迅速后移，后腿随前脚蹬地的同时向后摆（两腿不得伸直），经一短暂的腾空后两脚同时落地。

（2）前脚蹬离地面后要迅速回收。

（3）在腾空阶段中要保持身体重心水平后移，完成后跃步时呈实战姿势。

（五）向前跃步

向前跃步，在向前移动的步法中运用不多，单独运用更几乎看不到，所能看到的是和弓步或冲刺步连接使用。

▲动作要领

（1）起动与向前一步相同，后脚蹬地和前小腿前迈下摆同时进行，后蹬力量要大一些才能蹬离地面。

（2）前小腿向下摆出后要积极回收，两脚全掌同时落地呈实战姿势。

（3）如果准备接冲刺，两脚落地的距离要小于一脚半，前膝关节置于前脚尖略前，后小腿与地面约呈 80 度角，身体略前倾。

（六）向前或向后一步接弓步

如果说弓步是进攻的重要手段。那么一步接弓步广泛运用于第二意图的进攻战术时，就更加显得重要了。

▲动作要领

（1）在完成向前一步时两脚要同时着地，后脚跟进要快。

（2）后脚落地是弓步发力后蹬的开始，同样前脚掌的落地动作是弓步前摆小腿动作的开始。

（3）向前，后一步的距离不要过大，甚至有意做得比常规小些，这样起动才快并能获得加速度和合理的节奏。

（七）冲刺步

在比赛中用冲刺进攻的不多。因为冲刺进攻是孤注一掷的行动，如果不成功就失去了防守的可能性（佩剑已禁止使用）。

▲动作要领

（1）先伸出持剑臂，躯干前倾，重心前（倒）移几乎失去平衡时后脚蹬离地面，大腿抬起前送。身体保持侧向前倾，充分展体。

（2）在后大腿前送的同时，前脚蹬离地面。经一短暂腾空，两脚依次着地并向前跑动。

（3）冲刺动作的过程中，身体重心沿水平向前。

（八）弹跳步

运用弹跳步能使运动员在连续跳跃过程中，减少在前进或后退时由静到动的启动过程，时间和预兆，加快行动时间和速度。

▲动作要领

（1）两脚同时用前脚掌微微蹬离地面形成原地或小幅度的前后连续跳跃移动。

（2）身体重心随着弹跳上下微微起伏。

（九）闪躲步（侧身）

闪躲步是结合反攻动作来完成的，一是消极的反攻，也就是当对手进攻时已来不及防守及后退的情况下采用。二是有准备的行动，成为一个简单战术动作。

▲动作要领

（1）后脚前脚掌蹬地（用力不要过大），带动髋关节向内侧转体 45 度，同时后脚侧移。

（2）前脚以前掌为轴，足跟提起稍外转。

（十）交叉步

交叉步的特点是步幅大，身体重心前后移动快，为了加速逼近对手或尽快后退拉开距离时采用，多做向前、向后一步后的补助步法。

▲动作要领

（1）向前交叉步时，以后脚前掌内侧向后蹬离地面，后腿随即向前迈出，重心前移。后脚落地于前脚的前方约两脚距离处。

（2）前脚随重心前移，用前脚掌后蹬，在后脚落地时前脚蹬离地面，并向前迈出呈实战姿势。

（3）在腿向前迈出过程中，后脚稍向前转，髋和脚尖偏向前，使后腿前摆加大幅度。

（十一）垫步

垫步是步法中最为简单的一种步法，可以说是半个跃步。从动作外形看具有积极向前发动进攻的行动特点，但由于后脚没有离开地面，身体重心向前移动是有限的。这一步法通常作为战术性的试探行动或假进攻时运用。

▲动作要领

（1）前脚尖抬起同时小腿前摆，身体重心前移，前脚全掌落地，前脚前移一脚距离。

（2）后脚在前小腿前摆时原地以全掌微微蹬地。

（十二）步法的组合

步法的组合即组合步法，是比赛中运用脚步技术的必然。因为从比赛一开始直到比赛结束，双方运动员始终处在移动之中。根据技术、战术需要不断地进行变换步法以求得有利的距离，为此出现了众多的组合步法。有的是有目的地进行组合运用，有的是为了适应当时情势被迫或相应相成的。组合步法都是以单个步法为基础，关键是步法间的连接要合理正确，为此必须做到前一个步法的结束要为后一个步法的开始创造条件，即前一个步法的结束要为下一个步法的衔接做好准备。这种准备包括身体重心、身体姿势和最后一个动作的着力点等及时合理调整，这是步法组合的要点。

组合步法通常有以下几种：

（1）向前或向后一步接再向前或向后一两步。

（2）向前一步接弓步。

（3）向后一步接弓步。

（4）向前两步接弓步。

（5）向后两步接弓步。

（6）向前一步接向前跃步、接弓步或冲刺。

（7）向后一步接向前跃步、接弓步或冲刺。

（8）连续向前一步接弓步。

（9）连续向后一步接弓步。

（10）向后两步接向后跃步。

（11）向前两步接向后跃步。

（12）向前两步接向后跃步、接弓步。

（13）向后两步接向前跃步、接弓步。

（14）弹跳步接向前一步、接弓步。

（15）弹跳步接向后一步、接弓步。

（16）弹跳步接向前跃步、接弓步。

（17）弹跳步接向后跃步、接弓步。

（18）弹跳步接冲刺。

四、进攻技术

（一）直刺

▲动作要领

（1）以实战姿势开始，剑尖下落指向目标，以剑尖领先带动剑身和手臂，平稳地呈直线向前伸展。

（2）剑尖接近目标时，手臂充分伸直（有送肩动作，但不僵硬），刺中目标时，剑尖与护手盘下沿同高，剑身弓向上。

（3）还原呈实战姿势时，肘关节下落收臂呈实战姿势时的位置。

（二）向前一步直刺

▲动作要领

（1）先出手，持剑臂自然前伸，待近于伸直时向前一步刺出。在后脚蹬离地面的同时向后摆动不持剑臂，掌心向上。

（2）还原时后脚先退一步，再在前脚离地时以不持剑臂回收加以辅助，还原呈实战姿势。

（三）弓步直刺

▲动作要领

（1）先出手后上出弓步：待持剑臂伸直时出弓步，剑尖刺到目标前一瞬间前脚跟着地，在前脚跟落地前伸直后腿。持剑臂和脚应一同加速。在后脚蹬离地面时不持剑臂向后摆，掌心向上。

（2）还原呈实战姿势：先前脚离地回收，同时不持剑臂回收加以辅助。持剑臂回收呈实战姿势。

（3）刺出的动作要连贯、平稳，与脚的动作配合协调一致，并有加速度。

（四）向前一步接弓步直刺

▲动作要领

同前，只是要强调三个重要环节：先出手；向前一步接弓步时的衔接要连贯协调和有节奏；要有加速度。

（五）转移刺

▲动作要领

转移刺是剑尖沿对手护手盘经过剑身刺中有效部位的动作方法。转移有从内到外，从外到内，从上到下，从下到上；也可是顺时针和逆时针；也可是一次两次转移的。转移剑尖经过路线轨迹可以是半圆、圆周和螺旋形的。转移应与对手的剑平行，走最短的路线。距离远时要等手臂、剑完全伸直后才转移，必须经过对方剑身。中、近距离时要边转移边向前伸，要以过对方护手盘。主要用手指、手腕来控制，手腕的环转动作不能过大。手与脚步的配合，应在上步的开始阶段手就应沿对手的剑前伸，后脚蹬地时开始转移，脚落地时完成转移。

（六）一次和两次顺时针转移刺第三部位

▲动作要领

（1）以实战姿势开始，两剑呈内交叉，做一次转移刺时，以手指控制剑尖，伸臂刺出，当剑尖前移至对手护手盘时，顺时针沿护手盘外沿转至第三部位刺出。

（2）做两次转刺时，伸臂刺出时剑尖转移至对手护手盘上沿指向第三部位，并不停顿地呈螺旋式向前转移至第三部位刺出。

（七）一次和两次逆时针转移刺第四部位

▲动作要领

以实战姿势开始，两剑呈外交叉，做逆时针转移刺第四部位时除方向按逆时针方向外，其余动作同上。

（八）逆时针转移至第四部位，再顺时针转移刺第三部位

▲动作要领

（1）以实战姿势两剑呈外交叉，先伸臂，剑尖向前移至对手护手盘时，按逆时针经过对手护手盘外沿转向第四部位，再向前按顺时针经过对手持剑臂由内向外转移刺第三部位。

（2）逆时针转移时，剑尖要超过对手护手盘，速度稍慢。顺时针转移刺出时速度要加快。顺时针转移是在逆时针转移刺时对手做出第四姿势防守动作下进行的。

（九）顺时针转移到第三部位，再逆时针转移刺第四部位

▲动作要领

以实战姿势，两剑呈内交叉，剑尖运行路线与上面相反，其余相同。

（十）向下转移至第二部位，再向上转移刺第三部位

▲动作要领

（1）以实战姿势，两剑呈内交叉或外交叉，做第一次转移时，在剑尖下落的同时向第二部位前伸，并尽可能接近有效部位。

（2）在对手做第二或第八姿势防守时，剑尖由第二部位向上转移刺中第三部位。

（十一）交叉刺第四部位

▲动作要领

（1）以实战姿势，两剑呈外交叉。肘关节要保持在实战姿势时的水平线上，屈前臂带前动剑身越过对方剑尖刺第四部位。

（2）完成交叉动作后，剑尖快速下落，同时以剑尖带动剑身向前刺出。

（3）刺出时，手心略外展，刺中后剑向外侧斜上方呈弓形。

（十二）交叉转移刺第二部位

▲动作要领

（1）以实战姿势，两剑呈外交叉。交叉动作要领同前。

（2）完成交叉动作后，在剑身、前臂下落前伸的同时转移刺第二部位。刺中后剑弓向内侧斜上方。剑尖运行的路线是由折线到曲线。

（十三）击打刺

▲动作要领

击打是接触剑身的一种方法。击打刺是用剑身的中强部某一点以一定力量撞击对方剑身中前部以获得进攻主动权或使对手短暂失去对剑的控制，并刺中对手的有效部位的动作方法。击打时以手指手腕快速发力，击打的力量以让对手剑身离开原来位置或短暂失去控制为度，击打的时间要短暂并发出“啪”的脆声，击打后要控制剑身，使剑尖转向对手有效部位。打击可从不同姿势或同一姿势开始向同一方向或不同方向打击。也就是可从上线至上线、下线至下线、下线至上线、上线至下线；外线至内线、内线至外线等。击打路线的轨迹可分别是直线（横线、纵线、斜线）、半圆、圆周等。其优点是事先不易暴露意图，能出其不意。另外击打也可以用于第二意图，用弱部击打，以试探对方，准备进攻。

（十四）第四击打直刺和转移刺

▲动作要领

（1）由实战姿势开始。击打动作要小并短促有力。用剑身的中强部击打对方剑身的中前部。

（2）前臂要充分放松，击打时手腕做快速抖动似动作，手心至内斜下方。剑身同时内移。

（3）当接触到对方剑时，手指用力握住剑柄，手腕保持一定的紧张瞬间用力。击打后立即前伸直刺第四部位。

（4）在击打后前伸的同时，转移刺第三部位，或剑尖下落转移刺第二部位。

（十五）第六击打直刺和转移刺

▲动作要领

（1）击打时，前臂连手腕向外转，击打后伸臂直刺。

（2）击打后剑尖下落转移刺第二部位。

（3）其他要领同前。

（十六）压剑刺

▲动作要领

压剑也是接触剑的一种方法。压剑刺是用剑身强部在对手剑身中弱部施加压力并刺中对手有效部位的动作方法。压剑时手指、手腕要有静止用力的过程。比击打接触剑的时间长些，接触面大些，力量小些，有摩擦和滑动的声音。可以正压、反压、划圆压、转移压。其路线轨迹可以是直线、斜线、半圆、圆周形等。

（十七）第四、六压剑直刺和转移刺

▲动作要领

（1）压剑动作要突然，往往在压剑之前以假象加以隐蔽，使对方措手不及。

（2）在第四压剑时要扣手腕并有静止用力过程，使对手的剑不易跑掉。在第六压剑时手腕要适度绷紧。以剑身强部压住对手剑身中部。

（3）压剑的方向要根据所选刺中部位而定。

（4）压剑后刺出时可采用两种形式。一是，不离开对手的剑顺势推压刺出或者沿着对手的剑滑动刺出（即滑剑刺）；二是，压剑后离开对手剑时要相对加大刺出的角度。

（5）压剑转移刺时要利用对手对压剑的反作用力进行转移刺或交叉转移刺。

（十八）滑剑刺

滑剑刺是压剑刺的一种形式，是把格挡防守与不脱离对手剑的还击动作融为一体的进攻动作方法。

▲动作要领

（1）在压剑与刺的整个过程中，从始至终都保持接触，并贴着对手的剑滑动刺向有效部位。具有格挡防守与不脱离对手剑还击的要领。

（2）以最快的竞速完成。

（3）以剑身中部接触对手进攻来剑的前部，向前进行压滑刺。

（4）滑刺动作带有抖腕鞭打动作。

（十九）对抗刺

对抗刺具有攻、反攻双重性，是双方运动员在各自的同一部位，运用同一动作，

在同一线上进行的带有进攻性和保护性的动作方法。因为要用剑有效抗住对方的来剑，所以要由剑尖开始，手臂用力向前伸，斜着向对手剑的方向移动，并与刺形成一个连贯动作，对抗刺的形式可是直线、斜线、半圆、圆周等。由于对抗刺带有反攻性质，一经做出即无缓冲的余地，因此带有一定风险性。刺中胜，反之则败。

▲动作要领

（1）在对手进攻剑的同一线上进行。

（2）要有一定的力量。

（3）以剑身的强部和护手盘抗击对手进攻剑的前部，并将进攻剑的剑尖抗击至自己有效部位之外。

（二十）绕剑刺

绕剑刺是运用压剑与向前缠绕对方剑进行攻击的方法，也是接触剑进攻方法之一。绕剑刺也用于防守还击。

▲动作要领

（1）以持剑手腕为轴，剑身与对手剑身紧贴着以小角度交叉向前呈螺旋形快速划圆缠绕。

（2）缠绕后手指控制剑指向对手有效部位刺出。

（3）以剑身中部从对手剑身的前部开始向中部缠绕伸进，并有一滑剑过程。

（二十一）角度刺

交锋中任何进攻动作的刺和还击的刺都带有不同的角度，绝对直线的刺是不存在的。这里所说的角度刺的角度是指剑身与被刺的有效面，剑与持剑前臂在做刺的动作所形成的角度，也就是持实战姿势时剑尖以对手有效部位中的一点为圆心，剑身为半径，形成的与剑身垂直的一个圆周，在圆周的任何一点上剑与持剑前臂、剑向中心的有效面形成的角度。运用这种不同的角度达到刺中对手的方法称为角度刺。

▲动作要领

（1）选择相应有利的持剑姿势和方位并刺出有利的路线和角度。

（2）以不同的体姿相配合。

（二十二）进攻技术的专门练习

要根据不同年龄段所掌握技术的程度，分别制订训练任务，并分段进行训练。训练的形式和方法是多种多样的，不管采取任何形式和方法，都要从实战出发，把距离感、时机感、剑感、节奏感等结合进去，形成技巧，不断提高随机应变和创造性地完成动作的能力。

以下仅举不同类别的几例：

1. 不同距离结合不同步法的直刺练习

初学者以集体形式为宜。如原地开始做向前一步刺、弓步刺、一步接弓步刺、跃步接弓步刺、刺墙耙、刺手耙等练习。通过各种练习不仅能提高正确掌握动作要领和提高技术质量，同时对动作的速度、幅度能产生感性的了解并且正确掌握。这是运动员对自己的基础要求。

2. 对口令的反应练习

在移动中根据不同距离合理运用不同步法的直刺练习刺的口令时，运动员要根据当时的距离，选用合理的步法刺出。以提高距离感和合理运用动作的能力。

3. 对不同距离运用同一步法的直刺练习

这一练习，有点不同于不同距离要合理运用不同步法的要求，因此不被教练员和运动员重视。运动员对自己每一个步法，都有相对固定的速度、幅度。一旦步法已经开始做出，而距离又突然有了变化，运动员很少能通过调整步幅和速度来适应变化的距离。这一练习，就是为了提高运动员以同一步法在距离变化时，及时、灵活地调整步幅和速度及刺的力量的能力。

4. 在移动中做后退急停后快速启动并以不同步法向前的直刺练习

教练员双手戴手靶，运动员随教练员前后移动，在运动员后退的过程中，教练员发出停的口令，同时把两个手靶分别放在不同的有效部位，运动员立即运用不同步法快速向靶刺出。

5. 转移动作的辅助练习

在运动员进入转移刺教学之前，进行转移动作的辅助练习是非常必要的，对体会剑感和掌握控制武器的方法来说十分重要。

6. 转移进攻的练习

教练员在移动中，变换暴露某一有效部位，运动员运用不同步法做快速直刺进攻：教练员做不同速度的击打，运动员立即做摆脱转移刺进攻。

7. 各种击打、压剑进攻练习

教练员在移动中变换各种不同的持剑姿势，运动员针对其各种不同的持剑姿势，做各种不同的击打进攻；教练员做各种假进攻动作，运动员寻求教练员在刚刚出剑时，做各种击打或压剑进攻。如果运动员错过教练员刚刚出剑的时机，运动员可后退拉开距离，再重新开始。

8. 抓时机抢攻的练习

教练员在移动中做各种不同的先上步后出手或先出手后上步的进攻动作、上步击打动作。运动员抓住上步不出手或上步击打的时机，进行直接抢攻或摆脱抢攻。

五、防守与还击技术

击剑运动就是进攻与防守不断进行相互转换的过程，直到一方被刺中。进攻与防守是一对矛盾，是运动本身的两个方面，攻防相互转换是运动的表现形式。防守是防止被对方刺中，并为还击创造有利条件而采取的、合理有效的动作方法。防守行动有积极的和消极的。积极的防守是有准备、有意识，并为还击创造有利条件的防守；消极防守是被迫而被动的、无准备的防守。

防守有三种形式：一是距离防守，是在对手进攻时拉开距离，以退出对手有效的进攻距离之外，暂时避开交锋； 二是运用体位的变化，以向外、向下（下蹲）闪躲开对手的进攻；三是运用剑防开或阻截对手的剑，以获得攻击的主动权。在防守技术中，剑的防守是主要的，同时又需要三种方法相互配合进行。

在教学训练中，采用各种手段和方法，贯彻积极主动防守是教练员的主导思想。积极主动的防守，是以防守有效和对还击有利为前题。要具备以下因素：一是掌握全面的防守技术和技巧（剑感、时间感）；二是要处在有利的距离，这里所说的距离不单单是两个运动员之间的距离，更主要是指自己上步后伸直臂剑尖与对手有效部位的距离，这就包含着良好的距离感；三是要有防守的有利时机，这就包含着良好的时间感。具备了良好的剑感、距离感、时机感、节奏感，才能增强防守的可靠性，才能做到防守适时、准确、有效，变被动防守为主动防守。如运动员在实战中，常常采用在对方刚刚发动进攻，剑尚未接近有效部位或对手用假进攻动作时，就主动向前截住对手的剑，这种防守便是积极防守行动的主要形式。

按击剑运动的特点和规则规定，在防守中，不单是为了阻止、破坏对手的进攻，还要迅速还击，还击刺中了对手仍可得分。因此防守与还击是防守技术体系的一个有机整体。

众多教练员、运动员认为，防守对进攻来说是一种消极的行动。但随着击剑运动的不断发展和训练、比赛实践经验的不断丰富，对防守应以辩证观点出发，从击剑制胜因素和攻、防、还击相互关系中来进一步认识。击剑既然存在着攻与防这一对矛盾，进行攻击必然要遭到对手的防守还击。同时，当进攻不成功，必然迫使你要进行反防守，否则就会被还击刺中而吃败战。这就意味着进攻时要注意防守，防守要转化为攻击。也充分说明进攻与防守是击剑技术的一个有机整体。攻与防的能力绝不能偏废，要攻防兼备，并具很好的攻防转换能力。具有很强的防守还击和反还击技术的能力，不但能为积极进攻提供了保证和增强了信心，也能制约对手的进攻，使其久攻不下，削弱其斗志和锐气，为自己的攻击创造时机；同时也表现在以后发制人而取胜。

（一）第一姿势防守

▲姿势要点

（1）呈实战姿势，但剑在第一部位。

（2）持剑的上臂与前臂呈直角，前臂和胸部平行。

（3）持剑手手心向下，腕向下微屈并微内收，剑尖指向前下方与膝同高。

▲动作要领

（1）持剑前臂内旋，手心向下。

（2）在前臂内旋的同时腕微屈，剑尖下落，并屈肘，持剑手内移。剑尖划一小弧线至第一部位呈第一姿势。

（3）手指、手腕适度紧张，肩关节放松。

（二）第二姿势防守

▲姿势要点

（1）呈实战姿势，但剑在第二部位。

（2）持剑手与腰部同高，手心向下，肘关节弯曲并距腰侧一拳。

（3）剑身与身体外侧平行，剑尖指向前下方与膝关节同高。

▲动作要领

（1）持剑前臂内旋，手心向下方。

（2）持剑臂下落呈第二姿势。

（3）持剑臂下落时，剑尖稍划一小弧线，手稍向外移动。

（三）第三姿势防守

▲姿势要点

（1）呈实战姿势，但剑在第三个部位。

（2）持剑手心向前下方。

▲动作要领

（1）持剑前臂与腕同时内旋，手心转向前下方。

（2）在内旋的同时，稍向外侧移动。

（3）在内旋向外移动时，手腕微伸。

（四）第四姿势防守

▲姿势要点

（1）呈实战姿势，但剑在第四部位。

（2）肘关节弯曲，前臂与大臂呈角略大于 90 度，腕关节微伸，肘距身体约一拳，手与腰部同高，手心向内。

（3）剑尖同肩高，指向前偏内。

▲动作要领

（1）持剑臂内旋，使手心转向内方。在内旋的同时以前臂带动剑身向内移至第四部位。

（2）剑尖与护手盘同时平行向内移动至第四部位，手指、手腕保持适度紧张。

（五）第五姿势防守

▲姿势要点

基本同第四姿势，区别在于持剑手心向前下方。

▲动作要领

基本同第四姿势的要领，区别在于手心向前下方。

（六）第六姿势防守

这一姿势就是实战姿势，参见实战姿势即可。

（七）第七姿势防守

▲姿势要点

（1）呈实战姿势，但剑在第一部位。

（2）前臂内收手腕略外展，手与腰同高，手心向前上方，前臂与地面平行，肘关节距腰一拳。

（3）剑身在身体内侧，剑尖与膝关节同高。

▲动作要领

（1）手腕微内收，剑尖下落。

（2）同时外旋前臂略外展手腕并向内移至第一部位。

（3）向内移动时，保持剑尖与护手盘同时平行移动，手指手腕适度紧张。

（八）第八姿势防守

▲姿势要点

基本同第二姿势，区别在于是手心向前上方。

▲动作要领

手腕适度紧张，外旋前臂带动剑身，用剑尖划一小弧线下落，移至第二部位。

（九）划圆防守

划圆防守是用剑身划一个圆之后以回到近起点位置来摆脱对手的进攻方位而保持自己还击的方位的动作方法。划圆开始不朝对手剑的方向运动而是围绕对手的剑进行，划的圆不是一个规则的圆，多呈椭圆形。某种情况下可能是半圆，划圆动作可在两剑接触时进行，也可在某种接触之后进行。划圆有顺时针和逆时针的。

▲动作要领

（1）由第四姿势开始，以手腕为轴环转，用手指控制剑尖逆时针划一椭圆。

（2）划圆时要绕过对方的剑，并在剑尖即将完成划圆时持剑臂立即向内移动，呈第四姿势。

（十）格挡及击打防守

▲动作要领

格挡防守是用剑身强部和护手盘格挡挡住进攻者剑身的动作方法。

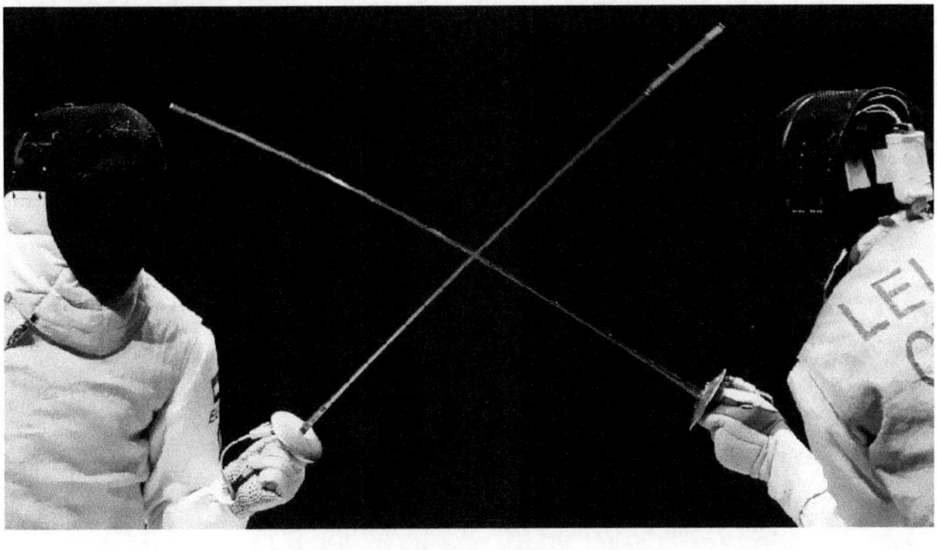

击打防守是用剑身中部撞击阻拦进攻者的剑身弱部的动方法。格挡防守的行程有短暂的两剑接触停留和静止用力，其动作是在进攻者的动作快要结束时进行。击打防守的行程要短些，是在进攻者的半路就击打阻拦，尽量在对手刚发动进攻时就破坏掉，其动作短促有力，接触时间短。总之是以手指握剑柄发力，其防守的时机要适时，动作要快，要能制动，尽可能离身体远，要与对手的剑形成适宜的角度。动作及其力量的大小、离身体的远近、手臂的角度等都要以当时所处的情势而变化。所经过的路线轨迹有直线、半圆、圆周等。

（十一）击剑线

击剑线是指持剑的手臂伸直，肩、臂、剑三者成一直线，剑尖威胁对方有效部位。它是击剑防守技术中的一种特殊形式，是制约对手向前紧逼进攻的特殊手段，击剑线虽然是防御行动，但它又包含了具有优先裁判权性质，也就是说对手进攻时，必须破坏掉击剑线，获得优先裁判权，进攻才能得分，否则，对方就没有优先裁判权。

▲动作要领

（1）持剑臂伸直，剑尖指向有效部位。

（2）呈相对静止状况。

（3）击剑线要在对手进攻之前形成。

（十二）摆脱刺

摆脱刺是转移刺的一种运用方法，是利用对手击打时进行转移摆脱来获得优先裁判权后进行还击的动作方法。

▲动作要领

同转移刺，但要做到转移及时，不能使对手接触剑，要使其打空。用手指控制剑尖进行转移，其动作要小而快。

（十三）防守技术的专门练习

专门性练习要根据不同年龄段的教学任务和运动员掌握技术技能的不同程度，分类加以安排。

▲动作要领

（1）提高规范的基本防守动作的练习。

这种练习是为了熟练掌握动作要领、动作幅度、运行路线和身体姿势。领会剑的时间、空间感。

（2）提高各种防守之间变换交叉移位能力的练习。这种练习是为了掌握各种防守姿势相互转换路线及对剑的控制能力。

六、策略

（1）所有的策略必须建立在对时间（TIME）和空间（SPACE）的深刻理解上。

（2）对于花剑优先权规则的深刻理解。

（3）对于优先权转换（防守反击）的深刻理解。

Part2 重剑

一、重剑的特征及有效部位

重剑是击剑运动单项之一。它除具有击剑的共同特征外，还有其自身的技术特点，只有充分认识和掌握重剑的技术特点，才能更好地进行技术的教学训练。重剑与其他剑种不同之处有以下几个方面：在剑的构造上，剑的形状、韧性、剑尖弹簧压力、护手盘大小、重量都不同于佩剑和花剑；重剑的有效部位为全身（后脑除外）；规则规定重剑无优先裁判权，不分主被动，只要击中就得分，互中时双方各得一分。若慢于 1/20 秒则电动裁判器显示慢的一方被击中。由于上述这些不同使重剑在技术、战术、打法及交锋的形式等都与佩剑和花剑有所不同，有着自身的特点和要求，如重剑有效面积大，攻击点多，增加了击中与被击中的机会，防守难度更大，自我保护要强；交锋距离相对比花剑远；交锋中进攻、抢攻、反攻并用；防守不脱离对手剑的直接快速还击多；进攻中手与脚、手臂与躯干、胸与背要结合；保护持剑手和前腿、脚意识要强；攻守转换要快；手上动作幅度要小，路线要短，速度要快。因此重剑除要求技术全面、精细、多变、实用外，准确和快速是重剑的最大特征。

重剑的有效部位遍及全身。其划分除相同于花剑所划分的四个部位外，头部、持剑手臂、前脚和前腿成为进攻的最近部位。

重剑有效部位划分和 8 个姿势防守同花剑，不同之处：在上线防头时，第四、第六姿势剑尖略高；在下线防前脚时，在第二、第八姿势剑尖略低。

二、准备姿势

（一）握剑

重剑和花剑剑柄的握法相同。直柄的握法有两种：一种同花剑直柄握法；另一种握法是把剑柄后端平衡垂直于掌心处。后一种握法的优点是增加了剑的长度，缺点是不易控制剑尖及防守时不能充分用力，握剑的牢固性差。这种握法通常为握力较强的运动员采用。

（二）立正姿势与敬礼

同花剑。

（三）实战姿势

▲动作要领

重剑的实战姿势基本与花剑相同。由于重剑具有的特点与花剑的实战姿势略有以下不同：

两脚间的距离可略小于花剑，前后腿膝角略大于花剑，分别约为 125 度和 145 度。以起到保护脚、膝不被刺中的作用。

身体重心高于花剑。

持剑前臂比花剑略前伸，持剑前臂与剑身约与地面平行，剑尖位于中线。

三、步法

步法和步法的组合、步法训练的形式与方法均与花剑相同，只是手上技术动作与步法的配合在运用上有所区别和侧重。例如：移动的步幅小于花剑，主要是因为腿、脚都是有效部位，步幅过大易暴露目标；又如在向对手前臂的进攻的挑引中，垫步、弹步的使用就非常普遍。

四、进攻技术

刺是重剑进攻的动作方法，是进攻技术的核心，刺中是最终目的。通过各种不同形式的刺，并以一定的力量（750 克以上）刺中对手的有效部位才能获得胜利。重剑绝对的快速进攻多，相对的快速进攻较花剑少。

重剑刺的各类（直刺、转移刺、交叉刺、压剑刺、击打刺、绕剑刺、甩剑刺等）及刺的方法与要求均同花剑，但对某些技术在重剑运用上又存在明显的不同，这是受到两剑种不同的有效部位和竞赛规则的制约所致。

重剑进攻技术动作基本同花剑，不同之处在总的方面有以下三点：

第一，重剑在进攻伸臂刺出时必须注意到对持剑臂的保护，因此要充分利用护手盘的保护作用，尤其是带有角度刺时，这种保护更为重要。如完成直刺时，伸出的手臂过高或过低，都会暴露前臂和手腕的上、下部位，容易遭受对手的反攻；直刺伸臂时，护手盘要与对手手臂的路线平行，使对手难于直刺到前臂与手腕，护手盘就起到了保护持剑臂的作用；在完成带有角度的接触剑的进攻时，利用剑根与护手盘处来接触对手的剑，使其难以摆脱控制，并使剑尖偏离目标。

第二，重剑的接触剑的进攻不同于花剑。它在做接触剑的进攻时，首先要做到能控制对手的出剑或使对手的剑偏离自己的有效部位以获得先刺中对手的时间优势。而花剑做接触剑的进攻是为了获取优先裁判权而无须更多地去注意其他因素。如在做第四压剑进攻时，以剑身强部压住对手剑身中部，使其剑偏离目标，并在不离开对手剑而顺势推压刺出；若离开了对手的剑或脱离压偏路线的刺出，则很容易被对手反攻刺中。

第三，重剑的反攻不同于花剑。它带有一定的积极因素，因为重剑的反攻只求在时间上领先或同时刺中对手，而不像花剑受到优先裁判权的限制。重剑的反攻只要速度快，领先刺中对手即获得成功。当要使双方同时再获得一分而对自己有利的情况下，采用反攻打互中，成为重剑打法的一大特点。

（一）直刺

重剑的直刺与花剑基本一样，但因重剑的柔韧性小，护手盘大，在刺的过程中，稍有如下不同之处。

▲动作要领

（1）刺胸时护盘稍高于肩，但不越过下颚，稍伸手腕。

（2）刺手、前臂时，要求在向前刺的加速过程中，大拇指和食指用力控制剑尖，使剑身前 1/3 向下呈弓形，剑尖向下刺中目标。

（二）刺手和前臂

由于重剑手和前臂是最近的进攻主要目标，但重剑护手盘较花剑大，对手易于用它来对手臂进行保护，如能合理地运用角度刺就能破坏这种保护使进攻取胜。角度刺的夹角大小以剑尖能越过对手护手盘与手臂交会刺中为宜。

重剑的刺手和前臂，不仅仅因为手和前臂是距自己最近的有效部位，同时又是作为众多进攻战术的准备行动，普遍被运动员采用。

▲ 动作要领

（1）刺手和前臂上部。剑尖沿对方护手盘上沿前伸，同时略抬高护手盘，手腕向下微收以刺手或前臂的上部。

（2）刺手和前臂内侧。剑尖沿对手护手盘内沿前伸，同时护手盘与持剑臂略内移，手腕微屈以刺手或前臂的内侧。

（3）刺手和前臂外侧。剑尖沿对方护手盘外沿前伸，同时护手盘与持剑臂略外移，腕关节微伸以刺手或前臂外侧。

（4）刺手和前臂下部。剑尖沿对方护手盘下沿前伸，同时护手盘与持剑臂内旋并略下移，腕关节向上微伸以刺手或前臂下部。

（三）刺脚、膝

脚、膝也是较近的进攻点。在对手上步过大或上步未出手，以及准备行动注意集中在手上时，脚、膝是很好的进攻目标。刺脚、膝运用得当可抑制对手的进攻，分散对手注意力，个别选手以此为特长技术。

▲动作要领

（1）刺脚和膝是以向前伸臂直刺开始。

（2）剑尖前伸至对方护手盘或略超过护手盘时突然剑尖下落，同时降低体位以弓步刺脚或膝。

（四）压剑刺

重剑剑身较硬，护手盘的直径和剑的重量都大于花剑。重剑运动员的力量普遍比花剑运动员大，握剑较紧。因此在接触剑的进攻技术中占有重要的地位。

压剑刺时，剑的运行路线有直线、斜线、弧线、半圆周。各种压剑的姿势要点、动作方法，要求基本与花剑相同，不同的是：由于重剑全身为有效部位，所以压剑时，运动员与对手的距离和剑的运行幅度及力量大于花剑。接触剑的部位重剑侧重于利用护手盘与剑根处来控制对手剑的摆脱。接触剑的顺势推压刺比较多。

▲动作要领

（1）各种姿势压剑都必须具有一定的力量，才能有效地控制住对手的剑。

（2）完成压剑动作时，要使对手的剑尖偏离自己的有效部位。

（3）完成压剑后到刺出时始终不脱离对手的剑，在控制对剑的情况下完成刺的动作。

（五）压剑转移刺

重剑压剑转移刺与花剑基本相同。但在运用的方法上应注意利用对手的反压剑顺势转移刺或压剑后转移刺的动作，以形成第二次变换压剑刺。

动作要领同花剑。

（六）甩剑刺

重剑交锋中，甩剑刺具有相当的普遍性和重要性。它是利用剑身的弹性和电动剑头的性能形成有利刺手角度的一种特殊刺法，不仅能有效地对付对手直臂威胁自己的剑，也能在对手运用甩剑进攻时针锋相对地用甩剑刺应付，变不利为有利。甩剑刺主要目标是手的上、内、外三个部位。初学击剑者不宜过早学习使用甩剑刺，以防破坏正规刺的技术。

▲动作要领

由于实战姿势开始，先向前伸臂，做甩剑动作时以手指、手腕带动小臂，以手指用力稍提剑尖，手腕用鞭打式爆发力利用剑身弹性产生弯曲，使剑尖向下随着弯曲过程甩向目标，并做刺的动作，在甩剑刺的过程中，手指要用力捏住剑柄，不让剑身向下。

甩剑刺手臂内侧或外侧，即在向前伸臂时同时旋转并抖动手腕，使剑身形成的弓形和剑尖对准内侧或外侧目标。其他与刺手上部相同。

（七）交叉刺

重剑交叉刺的动作幅度比花剑小，剑尖运行的路线比花剑短，主要以手指、手腕控制剑身来完成。做交叉刺时与对手的距离比花剑远些，刺的目标多为手和持剑臂。

动作要领同花剑。

（八）击打刺

击打刺同样是重剑接触剑进攻中常用的动作方法。击打直刺占主要地位。击打动作的重点在于击打动作的幅度要小又要有一定的力量，要足以使对手的剑尖离开自己的有效部位。击打后要以最快的速度刺出。

动作要领同花剑。

（九）刺头

头部虽然是重剑的有效部位，但处于相对高而远的位置往往不被运动员作为主要的攻击目标。只有在对手做弓步上体较前的情况下采用刺头动作，这是一种应变的攻击行动。

总体上看重剑进攻技术与花剑基本相同，但由于重剑自身的特点在运用上有着各自要求，重剑要以快速和控制对手的剑来保护自己，在这两个原则基础上灵活运用。

（十）进攻技术的专门练习

▲动作要领

（1）以各方向的直刺、击打刺、转移刺、交叉甩剑刺、压剑刺、角度刺等刺法刺对前臂及手。

（2）以弓步直刺、击打刺、压剑刺、甩剑刺等刺法刺脚、膝。

（3）移动中做刺手的直刺、转移刺、击打刺、压剑刺的进攻。

（4）移动中以连续压剑刺、绕剑刺、击打剑、甩剑刺等刺法刺不同部位。

（5）根据对手的动作做各种观察进攻。

（6）根据对手的逼近行动，做各种观察进攻。

（7）主动向前挑引之后，做各种观察进攻。

（8）在第一次进攻未成之后，做各种重复进攻。

（9）在做有准备的后退之后，做各种观察进攻。

（10）对对手有停顿的还击或复杂还击做随机应变的延续进攻。

（11）做第二意图的各种观察进攻。

（12）在防守还击或反攻之后，做各种观察进攻。

五、防守与还击技术

重剑中的防守与还击的技术基本同花剑。不同的只是无优先裁判权，因而对某些技术动作的要求、形式、运用多少存在着差异。例如根据重剑自身特点，在中、近距离基本采用格挡防守和对抗反攻，以便更好地运用护手盘和剑身封闭对手进攻的线路，加大技术运用的安全系数；击打防守在中近距离运用较少，因击打时有一个两剑脱离接触的过程，这个过程为对手的延续进攻创造了条件，因此，击打防守还击基本适用于远距离对膝关节以下的还击，并多采用直接还击。

（1）防守脚、大腿前部、膝。

（2）在运用格挡和击打防守时，要求做到使对手的剑尖离开自己的有效部位。

（3）还击时要求不脱离对手的剑，还击过程中要始终封闭对手的出剑路线。

（4）在还击时如脱离对手武器接触，要选择择还击近的目标和路线，并在还击速度上明显快于对手。

（5）击打防守时，击打的力量远远大于花剑，才能足以使对手的剑远离自己

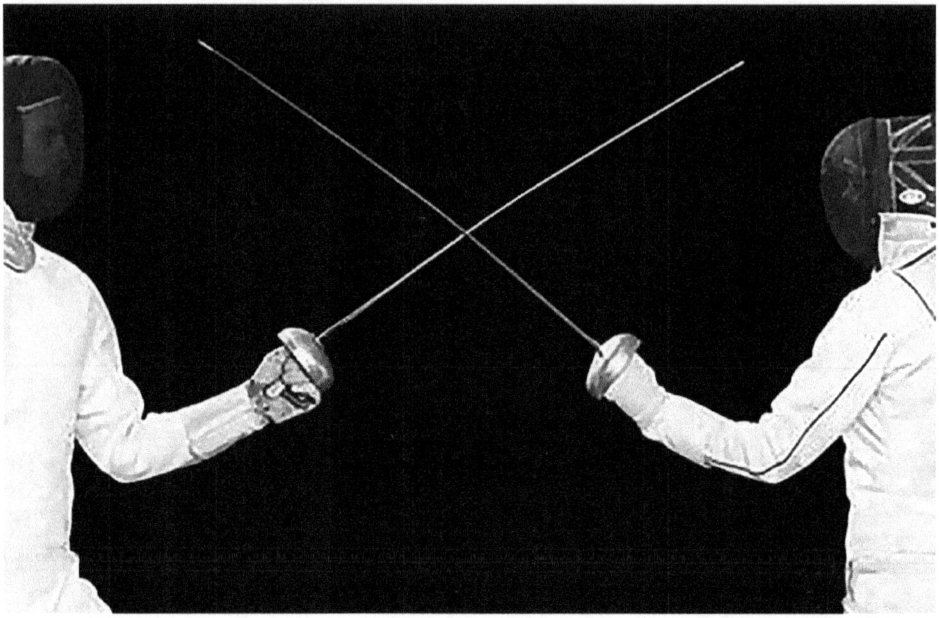

的有效部位，同时动作要小，速度要快才能获得还击在时间上的优势。

（6）对抗反攻刺是接触剑的攻击行动，是集攻击与保护于一体的攻击性行动，是在对手发动进攻出手的同时进行。重剑能充分利用其剑身的硬度和护手盘大的特点来封闭对手剑的路线而进行对抗反攻刺。这一点花剑是难以做到的，而重剑使用对抗反攻刺较普遍。

（7）重剑不接触剑的距离防守，接触剑的格挡防守、不脱离对手剑的还击在运用上远远多于花剑。

（8）反攻有接触剑和不接触剑两种形式，这与花剑是相同的。但在要求上截然不同。重剑的反攻通常作为积极的攻击行动，而花剑则不能。重剑的反攻行动要求做到及时。及时取决于速度，只要在 1/40 秒前刺中对手。而花剑及时取决于要比对手先出手。重剑在选择反攻目标时，范围较大，总是选择离自己较近的部分为最佳，而花剑没有这样的条件。

（9）防守技术的专门练习

防守技术的专门性练习同花剑，但根据重剑自身特点应提出不同要求和增加练习内容。

①在向后移动时做刺手接第四、第六、第八直接、划半圆或划圆防守还击、转移还击、跟进还击。

②在向后移动时做第四、第六反防守还击、跟进还击。

③在进攻未成之后做防守还击。

④做带接近、带闪躲的各种防守还击。

⑤在各种引诱之后的后退中做向一定部位的防守还击。

⑥逼近对手时做各种防守还击。

⑦在反攻后，做各种防守还击。

⑧在向后移动时做刺手接一次、二次摆脱反攻。

⑨在移动时做刺手接第四、第六、第八直接、划举圆或划圆对抗反攻。

⑩对对手过于深入转移的接近，做向前直刺或转移抢攻。

⑪对对手的延续进攻或重复进攻，做后退和各种反攻。

⑫做各种向下闪躲反攻。

⑬在防守之后，做各种反攻。

⑭用剑做挑引和逼近的准备之后，做种种反攻。

⑮两剑相对位置的相对转换。

⑯在有效交锋距离内做对抗刺、反攻刺、防守还击。

六、策略

（1）所有的策略必须建立在对时间（TIME）和空间（SPACE）的深刻理解上。

（2）防守反击和直接反击，在反击的同时已经包含了防开对手的剑的动作，使得防守反击两个动作合二为一，提高了效率和有效性。

（3）“彼不动，我不动；彼微动，我先动；后发而先至”原则的运用。

Part3 佩剑

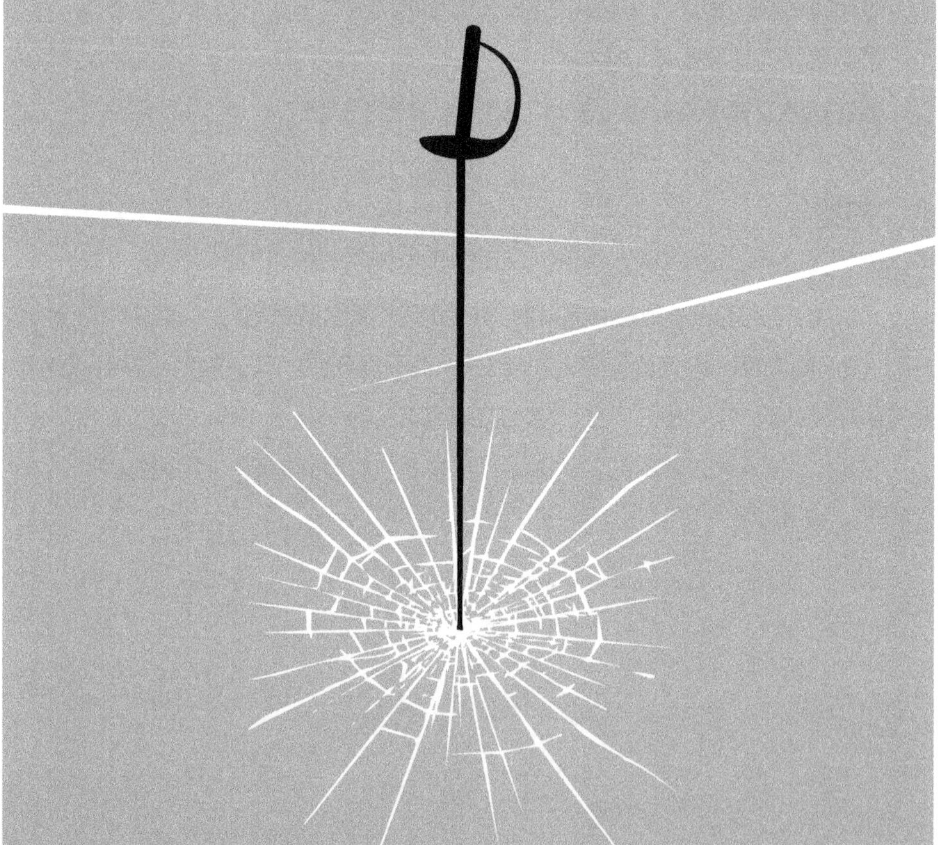

一、佩剑的特征及有效部位

佩剑与其他剑种有所不同，表现在技术上有其自身的特点。规则规定佩剑的攻击动作方法除尖刺外，主要是用剑刃、剑背劈击；其有效部位的范围小于重剑大于花剑；剑的形态和结构上也区别于其他剑种，佩剑剑身柔韧性最大，并有剑背剑刃之分，护手盘呈月牙状，剑柄系宽背、微弯的直把柄。佩剑技术与其他剑种的区别，表现在握法、手指发力及脚步动作和手上动作，剑的运用及脚步动作的要求等诸方面的特殊性。因此在进行佩剑的技术教学训练时，要注意从佩剑的特殊性出发。

第一，实战姿势持剑臂要靠近体侧，便于防守与保护。握剑的方法和手指发力要适应剑的结构和攻防动作。

第二，以劈为主的动作方法，动作发力和运动轨迹与花剑不同，形成特殊、振幅较大、运动的路线时间长，交锋距离远的特征。其准备时间较充分，因此进攻时部位选择、攻击点、真假动作及转移变化多而频繁。与此相应的防守动作也有准备时间，其变换也多。

第三，有效部位较花剑增加了头、手和臂。进攻和防守范围的扩大，增加了进攻和防守部位选择变化的难度，同时攻防转换多而快，导致控制与反控制、发挥与反发挥的多次交锋回合的出现，并要求在动作节奏上善于变化，如动作幅度的大小、用力大小、动作快慢、时间间隔长短的有机配合，使动作衔接连贯流畅。

第四，由于劈的技术特殊而形成佩剑的交锋距离比其他剑种远，因此要求脚步动作灵活多变，特别是距离远近的判断调节和转换变化要求准确、快速、协调，手脚动作有机配合，才能达到攻防动作的目的。

第五，由于佩剑交锋中快速多变供双方调节的时间短，因此在高度集中注意力、判断、预计和随机应变等方面比其他剑种要求更高。

佩剑有效部位为大腿和躯干之间形成的褶痕顶点水平线以上的身体任何部位（不包括后脑部）。其划分为头、脸、躯干、手臂。头部指面罩部上方；脸部指面罩左右两边；躯干又分为肋部和胸腹部。肋部指持剑臂一边腋下至腰部，胸腹部包括不持剑臂；持剑臂包括上、下、内、外部位。

二、准备姿势

（一）握剑

▲动作要领

由于佩剑的剑柄微弯曲，背面较宽，后端与护手盘的月牙相连，因此握柄时将剑柄握在大拇指和食指第一指节之间；拇指指腹自然贴在剑柄宽面背上并略微弯曲，食指离护手盘软垫约一指宽拇指对合用力；其余手指自然钩握住剑柄侧面，小指和无名指最后关节握住剑柄后部；掌心要空，不接触剑柄，便于灵活地操纵剑身。

（二）实战姿势

▲动作要领

（1）实战姿势站位基本与花剑相同，但两脚间距离略短于花剑。

（2）持剑臂向前自然弯曲，上臂、肘部靠近体侧，前臂与地面平行，手腕不高于肘，并伸（背屈）手腕，使手心向内与水平略呈 45 度，护手盘月牙朝向前偏外以保护手的外侧和下面，剑尖指向对手头部及其正中线位置呈第三姿势。

（3）不持剑手叉腰或在体侧自然放松下垂，保持身体平衡。

三、步法

步法同花剑。冲刺步和交叉步禁用。

四、进攻技术

佩剑进攻技术是合理有效击中对手的动作方法，劈和刺是佩剑击中对手的动作方法，是进攻技术的核心，劈中和刺中是最终目的。佩剑剑身柔韧性较大，有剑尖、剑刃、剑背之分，护手盘呈月牙状，剑柄形状特殊；有效面积较花剑大。因此，除刺的动作方法与其他剑种基本相似而又有所不同外，劈击是佩剑独有的动作方法。劈的动作主要是用剑的前 1/3 的剑刃、剑背及两侧偏平部分。用剑刃和两侧偏平部分的劈为正劈，用剑背的劈称反劈。劈较刺用得多，劈、刺时剑身的振幅大于其他剑种，进攻距离较远，有较充裕的准备时间进行部位选择。

佩剑的刺同花剑一样可分为直刺、角度刺、转移刺、对抗刺等。其动作方法的基本要求同花剑相似，但持剑操纵手法不同：持剑手臂向前伸直时向内旋转，手心向下，剑尖略降低，刺向对方有效部位。

劈是佩剑进攻的主要方法。劈击可以分为正劈、反劈、角度劈、转移劈、交叉劈、击打劈、对抗劈等。劈的动作方法有如下基本要求：

第一，要正确用力。击中时要求亮灯即可，不必用很大力量去砍对手。过分用力反而导致动作粗暴过大，影响劈的准确性与连贯流畅性。因此，劈时用力要轻巧，肩部、手臂、手腕、手指不要过于紧张，劈的动作要适度。正确的用力体现在用力的顺序、方向和着力点上，这也是劈的准确性的重要条件。用力要以手指、手腕和肘关节的顺序进行，方向要指向对手的有效部位，着力点在剑的前端。因此在教学时，要求运动员持剑呈实战姿势时，肩部和手臂自然放松，教练员可用手握住剑前端向前拉出至持剑臂接近伸直，运动员再用拇指的压力和食指与拇指相对用力配合，其余三指协助用力紧扣剑柄下部，手腕协同配合产生爆发式鞭打合力，劈向有效部位。强调以手指握住剑柄控制剑前端，并以剑前端带动剑身向前劈出，着力在剑前端。

第二，在佩剑进攻过程中，剑身应当是在持剑臂桡骨的延长线上，手腕带形成一定的角度，劈的方向与月牙、剑刃的方向是一致的。劈头采用上线正劈，劈前臂下面采用下线反劈；劈外侧从外侧正劈，劈内侧从内侧正劈，这就形成十字劈击方向。另外劈左脸、胸部、不持剑臂和右脸、持剑臂上臂，可采用上内斜线和上外斜线的正劈来完成。劈持剑前臂外侧和内侧，可分别采用下外斜线正劈和下内斜线的反劈来完成。这样就合理形成佩剑劈击八个方向的动作方法。同时为了避开对手的防守和获得优先裁判权，又有角度劈、转移劈、交叉劈、击打劈、对抗劈等。这些不同劈的运行路线也不同。剑身和手臂之间与对方有效部位形成一定的角度称角度劈；从一条线转至另一条线，从某部位转至另一部位称转移劈，不同的转移劈、绕剑劈剑身运行路线也不同，按顺时针和逆时针方向转移，可分别形成半圆形、圆周形、弧线形和折线形等。交叉劈是要越过对手剑尖运行，其路线是折线；迎着对手来剑的剑身方向用自己的剑身与护手盘抗开对方剑身的劈称对抗劈。

第三，完成好劈技术，必须做到眼、脑、手、脚、体位的互相配合。必须通过眼的敏锐观察获得对手的信息，经过脑分析综合判断做出劈的决定，而劈时手脚体位的动作要有机协调才能实现。手脚动作的配合，必须先伸臂后上步。击剑规则规定佩剑先伸臂，剑尖威胁对手的有效部位，持剑臂的肘角必须大于 135 度，才算是进攻。同时佩剑持剑臂比花剑更靠近体侧，其手腕伸（背屈）保持一定紧张度，剑同前臂形成一定角度，在持剑臂接近伸直时，才由手指、手腕配合完成劈击动作，因此，必须十分强调上臂的放松自然，前臂与地面平行，肘关节保持弯曲度和一定力度，剑的前端应该指向对手头的正中，以保证剑前端快速击中对手有效部位。步法的配合要平稳、协调、连贯，才能确保剑劈向目标的准确性。

（一）直接劈

▲动作要领

（1）从实战姿势开始，以剑前端领先带动剑身和手臂，平稳地前伸的过程中，转动护手盘月牙，剑刃指向目标，完成同一条线上的进攻。

（2）剑身接近目标时，手臂充分伸展，手腕微伸，手指控制剑柄使剑刃指向有效部位。

（3）在完成伸臂动作最后阶段，接近攻击目标时，运用拇指与食指相对用力，其余三指配合快速用力紧扣剑柄下部，带动手腕，快而脆地劈击向目标。

（4）击中目标时振荡反弹，手臂放松，手腕回到原伸位置。

（5）反劈时持剑臂前伸，以手指、手腕控制剑身向前下方快速移动，使剑背前 1/3 置于对手前臂内下侧，并以手指带动手腕向前上方发力，用剑背的前 1/3 反劈中目标。

（二）劈头

▲动作要领

（1）从实战姿势开始，在向前伸臂的同时，调节好剑刃和护手盘月牙的方向，用正劈对准面罩顶部劈击。

（2）劈时持剑臂保持适度的弯屈，手腕外展，剑前端对准面罩顶部，完成直接劈头。

（三）劈右脸和外侧

▲动作要领

（1）从实战姿势开始，手臂前伸的同时内旋，用手控制护手盘月牙、剑刃方向。

（2）剑刃指向对手右脸或外侧目标，快速向前劈出要求动作连贯放松。

（3）剑身保持与桡骨延长一致，剑前端略高于护手盘。

（4）对手右脸位置较高，右侧肋位置较低，因此劈右脸时剑尖稍高，向内移动角度较小，而劈右侧肋部时，剑尖稍低，向内移角度较大。

（四）劈左脸和内侧部位

▲动作要领

（1）从实战姿势开始，手臂向前伸并外旋，用手指控制护手盘月牙，剑刃指向目标，直接劈对手左脸和内侧部位（劈内侧部位有两种方法：一种如上述，另一种可用剑的扁平部劈）。

（2）击中时，剑前端高于护手盘，动作连贯放松。用正劈完成动作。

（3）对手左脸位置较内侧高，因此劈左脸时剑尖位置较高，向外移动的角度较小；劈内侧时剑尖位置较低，向外移动的角度较大。

（五）劈前臂

对于前臂的直接进攻和间接进攻，准确性要求很高，其动作要求与向身体进攻的动作相似。只是手臂的目标小，要根据距离和情况的变化，调整劈的角度。进攻时剑与手臂之间夹角较大，可运用手指手腕充分自由地做劈前臂上、下、内、外部位的动作。

▲动作要领

（1）劈前臂内侧。手臂近于伸直时使剑的前端指向对手前臂内侧。手略向外，既完成略带角度的劈，又保护自己的手。

（2）劈前臂内侧下部。手略向外，手臂近于伸直时使剑刃指向目标。可以用剑背反劈对手内侧下部。注意动作隐蔽性，出其不意地完成动作。

（3）劈前臂外侧。手臂近于伸直使剑尖指向对手袖外侧，手臂向内旋 90 度，向对手护手盘下沿前臂外侧快速果断完成劈动作。

（4）劈前臂上部。手臂接进伸直时，突然抬高持剑手，剑向下，护手盘月牙偏向前劈对手的前臂上部。

（六）直刺

▲动作要领

（1）从实战姿势开始，在向前伸臂的过程中内旋，剑尖指向目标。

（2）以剑尖领先带动剑身和手臂平稳向前伸，当剑尖接近目标时，手臂充分伸直刺出，刺中目标时，剑尖与护手盘下沿同高，剑身弓形向上，手腕略上抬。

（3）还原时手腕与肘关节下落，同时前臂外旋还原呈实战姿势。

（七）向前一步劈

▲动作要领

先出手，持剑臂自然前伸，待接近伸直时向前一步直接劈或直刺。击中后还原呈实战姿势。向前移动时，注意保持身体平衡。

（八）弓步劈

▲动作要领

（1）手脚配合基本同花剑，先出手后出脚，伸臂并转动护手盘月牙，剑刃对准头部，前脚脚尖伸，脚跟着地面，向前伸小腿，身体重心前移，前腿加速前摆，后腿膝关节与踝关节配合后脚快速蹬地，持剑臂加速劈出。

（2）击中后前脚跟先落地过渡到全脚掌落地呈弓步。

（3）弓步还原呈实战姿势。在持剑臂回收的同时，后腿屈膝，身体重心后移，同时前脚向后蹬地，身体向后移动，还原呈实战姿势。在持剑臂回收时，手与剑要以最小的幅度移动，剑身向前倾斜，上抬剑尖。

（九）向前一步或跃步接弓步劈

▲动作要领

（1）从实战姿势开始，在完成动作时，注意以两个节拍完成动作，注意两个节拍的速度连贯及加速度。

（2）第一个节拍时应当及时伸臂向前，剑刃对准目标，连续威胁对方有效部位并做向前一步或跃步。

（3）第二节拍完成动作时，衔接弓步加速劈击，要求前脚着地前先击中目标劈。其技术方法同弓步劈。

（十）转移劈

▲动作要领

（1）佩剑中的转移刺同花剑的转移刺技术要求相似，相同之处不再重复，这里只说一下不同的执行方法和技术动作。佩剑的转移刺，持剑手心向下，护手盘月牙转向外侧，以手指手腕控制剑尖，从一侧绕过对手护手盘到另一侧。可做顺时针、逆时针对弧线转移。它常在持出剑线摆脱对手的击打时运用。

（2）转移劈从实战姿势开始，向前伸臂，转动护手盘月牙、剑刃，手指、手腕操纵剑柄，控制剑身前端，以前臂为轴，剑尖绕过对手护手盘或剑身，做从内到外、从外到内、从上到下、从下到上劈，可以是顺时针和逆时针方向，也可以是一次、二次的，其路线多数是半圆的弧线转移。具体做法有 3 转 5、3 转 4、4 转 5、5 转 3、5 转 4。

（3）转移可在对手击打、做防守时，两剑尚未接触的瞬间进行，也可做直接转移。近距离时可直接快速转移；远距离时，先采用晃剑使对方难以判断，再选择好时间、距离才做转移。转移劈的动作要突然、有加速度，要先于对手防守动作前劈中对手。

（十一）一次、二次向上转移劈第五部位

▲动作要领

（1）从实战姿势开始，两剑在外交叉做一次转移劈时，以手指控制剑刃指向

第三部位，引起对手反应后顺时向上转移劈头。

（2）做二次转移时，半伸臂先指向第五部位转移劈第三部位，再向上转移劈第五部位。

（十二）晃剑紧逼做一次、二次转移劈

▲动作要领

（1）在中远距离紧逼中配合步法，用剑晃动作连续威胁对手，使对手难以判断进攻方向。

（2）根据对手反应，随机选择一次、二次转移劈。

（十三）击打劈

佩剑击打劈，同花剑击打技术要求相似。用剑身中部某一点以一定力量击打对方剑身中前部，以获得进攻主动权或使对手短暂失去对剑的控制，并劈中对手有效部位的动作方法。

▲ 动作要领

（1）击打时以手指、手腕用力，适当甩腕，用适度力量，击打对手剑身，且时间短而脆，并控制好击打后剑身位置。

（2）击打可以从不同姿势或同一姿势向同一方向或不同方向打击。

（3）动作要求突然、快速、隐蔽。

（4）可以用于准备行动，试探对手，迷惑对手，为决定性攻击做准备。

（5）可以用剑刃击打，也可以用剑背击打。

（十四）第四击打劈和转移劈

▲ 动作要领

（1）由实战姿势开始，在伸手臂的同时，使剑对准目标，用手指、手腕发力，快速而突然地用剑刃击打对方剑身中前部，使对手剑离开原来位置或短暂失去控制。

（2）前臂要放松，剑身稍前伸，并同时内移。

（3）当击打到对方剑时，手腕保持适当用力并立即劈向有效部位。向下绕过对手护手盘转移劈第三部位。

（十五）第四剑背击打劈

▲ 动作要领

（1）由实战姿势开始，在向前伸臂过程中，顺势向内旋转前臂，使剑刃指向对手右脸，同对手剑成内交叉。

（2）击打对手剑的中前部，立即劈对手右脸。

（十六）第三、第二、第一击打劈

▲ 动作要领

（1）第三击打劈，由实战姿势开始，剑与对手的剑呈上线外交叉，伸臂直接用剑击打对手的剑，并臂第三部位或劈头。

（2）第二击打劈，由实战姿势开始，伸臂下降剑尖，手指带动作手腕向下向外，用剑身快速击打对手持下线姿势的剑，并向上移动以剑背劈左脸。

（3）第一击打劈，由实战姿势开始，伸臂下降剑尖，并向内旋转，以手指带动手腕向内，用剑身快速击打手剑持下线姿势的剑，并按圆周轨迹运行劈头。

（十七）对抗劈

▲ 动作要领

（1）准确预测判断对手来剑的方向、速度、力量及距离。

（2）在来剑方向的同一线上，用剑身强部或护手盘抗开对手的剑，使其偏离有效部位，并进行劈击。

（3）第三对抗劈。持第三姿势，手缓向前伸臂，两剑呈外交叉，针对对手劈外侧的动作，剑身加速向前同时护手盘月牙偏内，用剑身强部外侧或护手盘外沿抗开对方的剑，使其偏离有效部位，手腕稍屈，用力劈头。

（4）第四对抗劈。持第三姿势，手缓向前伸臂，两剑呈内交叉，针对对臂内侧的动作，沿第四姿势位置加速向前伸臂同时护手盘月牙偏外，用剑身强内侧和护手盘内沿抗开对方的剑，使其偏离有效部位，手腕微伸，用力劈头。

（十八）角度劈

▲ 动作要领

（1）在接近目标的最后阶段，转动前臂并伸或屈手腕来增大劈的角度。

（2）劈时运用手指、手腕控制剑身前端发力的动作进行带角度的劈。

（3）劈前臂基本均用角度劈（见劈前臂）。

（十九）进攻技术的专门练习

练习的形式和方法要根据具体情况来确定，以下仅举不同类别的几例：

1. 不同距离结合不同步法的直接劈练习

运动员与同伴练习。同伴在移动中无预兆地给直接劈头信号并随机以不同距离变化。练习者保持距离，根据信号和距离完成原地、向前一步、弓步、向前一上接弓步等各种距离的直接劈头练习。通过练习提高正确掌握动作要领和提高技术质量，并初步建立捕捉有利距离和时机的进攻意识。

2. 不同距离运用同一步法的直接劈练习

运动员的每一个步法，都有相对固定的速度、幅度。一旦步法已经开始，而距离又突然变化，运动员必须通过调整步幅和速度来适应变化的距离。这一及时灵活地调整步幅和速度能力的提高，须通过这样的练习来实现。

规定运动员只能用向前或向后一步接弓步劈，跟随教练员移动，当教练员发出信号时，运动员要根据当时的距离，做出不同速度、深度的向前或后退一步接弓步劈。然后再过渡到教练员发出信号时，运动员开始启动向前一步，教练员突然向前一小步或后退一小步，运动员按新情况调整步法速度、深度及劈出的力量做出反应。

3. 在移动、后退、急停并快速启动中，以不同步法完成直接劈的练习

这样的练习方式可以有多种，可以以个别课形式进行，也可以集体按教练员手势变化来完成，即按教练员手势规定前进或后退急停、快速启动中做弓步、向前一步接弓步劈。教练员可以根据练习情况，提高要求、难度及训练强度和运动量。

4. 转移动作的辅助练习

与同伴练习以加强体会剑感和掌握控制剑身的方法。

一对一做转移练习：一方做二、五部位联合防守动作，由慢转为较快，另一方交替变换劈头、劈外侧。

5. 转移进攻的练习

教练员在移动中变换暴露有效部位，运动员运用不同步法做快速直接劈；教练员做不同速度的击打，运动员立即做摆脱转移劈进攻。

6. 各种击打进攻练习

教练员在移动中变换各种持剑姿势，运动员针对各种不同持剑姿势，做不同的击打进攻；教练员做各种假进攻动作，运动员捕捉教练员刚出剑一刻做各种击打进攻，若错过时机，运动员重新拉开，再开始。

7. 抓时机抢攻练习

教练员在移动中分别做上步停顿、先上步后出手、上步抬臂、上步击打等动作。运动员分别抓住上步不出手、停顿、抬臂等时机及时抢攻,针对上步击打则摆脱抢攻。

8. 以不同节奏和深度的步法配合分别进攻前臂和躯干的练习

可以在对攻形式中练习；也可以教练员以固定的步幅做向前或后退，运动员有意识地以不同深度的步法分别劈击前臂和躯干有效部位。

五、防守与还击技术

佩剑的防守与还击技术在执行方法上有以下特点：

第一，由于佩剑以劈为主的打法，剑身运动轨迹特殊，幅度较大，依靠单纯的武器防守往往难于成功，多采用以距离与武器混合式防守还击技术，来提高防御的成功率。

第二，在完善各种打法的过程中，利用距离的变化和各种假动作配合作为掩护手段，从防御中转入攻击，从进攻中配合防守。采用各种抢攻、反攻、击剑线、接触武器等“击攻性防守”手段来夺取优先裁判权。

佩剑姿势防守有六种：第一姿势防守、第二姿势防守、第三姿势防守、第四姿势防守、第五姿势防守、第六姿势防守。

（一）防守还击方法

（1）直接还击：防守后立即用直刺或劈来攻击对手的有效部位。

（2）转移还击：防守后采用转移劈或转移刺的动作攻击对手暴露部位。根据不同的距离采用不同的转移还击方式。

（3）交叉还击：防守后用剑身向后绕过对手剑尖，劈向另一暴露部位。

（4）时间差的还击：防守后稍停顿或做晃剑或连续转移来错开对手的动作节奏，攻击其暴露的部位。

（5）反还击：是指在对手防守还击时立即做出防守后的攻击动作。

（二）防守还击的要求

（1）姿势与部位：由防守姿势开始，结束于还击动作姿势。根据不同的距离、对手的情况，还击的部位是多变的。

（2）轨迹：各种不同的防守，还击的路线和轨迹是不同的，同样的防守还击目标和手法不同，护手盘和剑尖的轨迹也不同，但要求还击时，先将剑尖对准目标，控制剑尖动作，尽可能地命中目标。

（3）力量：击打防守还击要求用爆发力，击打后要用力量控制好剑尖。

（4）速度：以快制胜或以慢制快，要根据对手情况和距离来运用速度。

（5）节奏：要能变化节奏，错开对手防守节奏。

（三）距离防守

正确保持距离的能力来自距离感，距离感建立在良好的视觉感上。距离感的建立是在大量技术训练的积累和丰富的实践经验基础上形成和提高的，它取决于武器，手臂的长度，脚步的深度以及动作速度。距离感是从不断适应对手移动的速度、步幅、节奏、方向的变化，甚至包括两剑不停变换的位置关系而获得的。

运用步法保持同对手的距离，增加了防守的可靠性，免于自己被击中，这是进行防御的重要手段。因此现代佩剑常常把武器防守与距离防守结合起来运用。退开距离要在对方进攻的最后一刻再进行，缩短距离是要打断对手进攻动作节奏，以提供特殊还击的条件。

避开对手的攻击距离与位置的闪躲，是凭借步法和身体出其不意变化位置结合而成的。比如在佩剑中下蹲或后仰上身和头部，出其不意回收手臂等利用身体位置变化避免被击中，从而获取主动权。

（四）第六姿势防守还击

▲动作要领

（1）由实战姿势开始，腕外展前臂向外旋转的同时肘与剑身向内呈斜线向上移动，并举臂使护手盘处在面罩内侧，高于面罩顶部至第六部位。

（2）大拇指指向外斜，剑尖向上外斜，护手盘月牙向内前上，前臂向内前上，上臂平行地面。

（3）还击时手臂顺势向内旋转，使剑刃与护手盘月牙对准对手第三部位直接还击，也可以对准对手左脸做直接还击。

（五）第三姿势防守还击

▲动作要领

（1）即实战姿势，手持剑在第三部位，手臂弯曲，肘关节离腰约一拳。

（2）上臂自然下垂，前臂与地面平行，大拇指向上，手腕稍向外，月牙稍偏外，剑尖斜向前内上方。

（3）直接还击头，亦可以还击第三部位，还击第四部位，直刺第四部位或一次、二次转移还击。

（六）第四姿势防守还击

▲动作要领

（1）从第三姿势防守开始，月牙和剑刃向内旋至内斜前方，同时持剑手向内做弧形移动至第四部位。

（2）手臂屈，上臂下垂，前臂与地面平行，大拇指向上，剑尖向上偏内稍前，剑刃对准来剑方向。

（3）用护手盘和剑身强部封闭第四部位，并做还击劈头或还击第四部位，或还击左脸。

（七）第五姿势防守还击

▲动作要领

（1）从实战姿势开始，手腕外展，同时前臂内旋，控制月牙向前至斜上方。

（2）同时剑直接向上移动至第五姿势防守部位。

（3）大拇指向内，剑尖向内稍前上，上臂与地面平行，前臂稍前举，剑身高于头。

（4）可以转腕直接劈头，劈左侧，做一次、二次交叉转移劈。

（八）第二姿势防守还击

▲动作要领

（1）从实战姿势开始，护手盘向下，手臂内旋，大拇指向下稍前，手心向外下约与水平线呈 45 度。

（2）上臂自然下垂，前臂前伸稍低，手向外稍屈，剑尖向下稍偏前，剑刃对准来剑方向，用强部和护手盘保护第二部位。

（3）防守还击头部，劈左侧，转移刺第四部位或做一次、二次交叉转移劈。

（九）第一姿势防守还击

▲动作要领

（1）从实战姿势开始，前臂内旋 180 度，护手盘向下，剑尖经由前下做弧形移动至第一部位。

（2）大拇指向下，手心向外稍偏前，上臂与地面平行，前臂稍低，手腕微屈，从小到大尖指向下偏斜前方。

（3）保护第一部位防守还击头部，劈左侧或做一次、二次转移劈。

（十）击打防守还击

▲动作要领

（1）一般用自己的剑来主动击打对手的来剑，达到防守的意图。

（2）击打防守动作小而突然，还击的动作速度快，要连贯衔接，并多变化。

（3）击打后和对手的剑要脱离接触，才好改变攻击点。在实战运用时常结合前进和后退步法进行，或配合组合步法进行。

（十一）反攻

反攻是指在对手发动进攻的时间内所做出的攻击动作，或防御性的攻击动作。

▲动作要领

由实战姿势开始，持剑臂注意放松，剑身有控制地稍前倾，指向目标。

用小幅度简单的动作，以最近路线在对手发动进攻时间内攻击对手的有效部位，其动作快速、果断、有力，节奏要明显领先于对手。

（十二）击剑线

▲动作要领

在对方发动进攻前，伸直手臂，以击剑线威胁对方有效部位，当对方击打破坏击剑线时，要及时摆脱进行还击。

（十三）防守还击专门练习

1. 运用距离和闪躲防守的专门性练习

在建立常规距离感后，必须利用距离条件变化，配合闪躲以夺取距离防守的主动权。

（1）以步法变化利用距离或节奏上的微小差距。在同时进攻时跃步接弓步变换成向前小跃步接弓步（半个跃步）。或向前一步接弓步，以造成对手在距离时间上的微小差距，并在这瞬间完成自己决定性的攻击。

（2）运用假向前接后退的配合，做跟进进攻，假向前接后退的步法有后跃步、后退一步、向后闪躲。

（3）运用多种步法节奏变化，挑引、干扰对手，创造捕捉有利时机，攻击对手。其步法有向前、后退、急停与加速启动等。

2. 提高基本防守动作规范化练习

（1）镜面或与同伴练习：在实战姿势的基础上，对镜面或与同伴反复练习第一、二、三、四、五、六姿势防守，按规范要求，自我纠正，并注意变换防守部位的路线。

（2）按教练员的规定信号进行集体练习。可以通过口令、信号、手势，集体进行防守部位练习和转换路线的练习。

（3）与同伴做防守还击练习，条件是近距离，0.5—1 分钟快劈。同伴连续劈第五部位，练习者连续做第五防守姿势，并还击对手第三、四、五部位。或同伴连续变换攻击部位，练习者相应地做防守和复杂还击。

3. 提高选用不同防守姿势的练习

其目的是提高防守技术和其运用的判断能力与准确性。

（1）靠墙练习：中远距离，乙方根据规定攻击部位，以绝对速度做直接进攻。甲方离墙一步站立，做击剑规定部位防守，可以后退一步防守还击。

（2）第五部位防守还击练习：近距离，乙方可以做原地劈头或弓步劈头。甲方持剑第二姿势站立，做防守还击。

（3）混合型防守：在与对手保持良好距离的基础上，抓住对方上前将要发动进攻前的一瞬间，突然向对方做带有一定威胁的伸剑抢攻，诱使对方出剑进攻，然后及时向后一步拉开距离，在对手的剑将要到达劈中部位的一瞬间，以最快的速度做防守还击。

（4）提高向前紧逼过程中防守还击能力的练习

在进攻时向前伸臂，并用剑连续威胁对方，当对方做攻击的过程中，就向前做防守还击。

（5）近距离防守还击的练习

其目的是提高近距离接触中，对瞬息变化的判断能力及应变技术补偿能力。

规定一个近距离场地，两端线为开始线，双方后脚跟踩在开始线上，不允许双脚退出开始线（退出即对方得分）。开始后，同时启动运用攻防技术，夺取主动权，击中对手，在5—10分钟内以击中对手多者为优胜。

（6）击剑线练习

目的是熟练击剑线使用技术，并转换成其他技术，夺取主动权。

①原地击剑线摆脱对手各种方向的击打进攻刺，在摆脱的同时做向前刺。

②持击剑线前后移动，当对手击打时，做摆脱刺。

③持下击剑线，先后退两步呈击剑线，当对手击打时，做摆脱刺。

④持下击剑线，先后退两步呈击剑线，假进攻接向前防守还击（一般接向前第五防守还击）。

⑤持下击剑线，先后退两步呈击剑线，当对方进攻犹豫时，便抢攻其前臂下侧，并快速后退。

⑥持击剑线后退时剑被对方击打后，再伸臂做假进攻接防守还击。

⑦持下击剑线，先快速后退三至五步，待对手快速上来后，即做击剑线摆脱

或在对手急停时变为进攻。

六、策略

（1）所有的策略必须建立在对时间（TIME）和空间（SPACE）的深刻理解上。

（2）对于佩剑优先权规则的深刻理解。

（3）对于优先权转换（防守反击）的深刻理解。

（4）对于“一点两面，三三制，四快一慢，五思想”的原则灵活运用。

击剑教学实践

一、体能

广义上讲，体能是人体在对环境适应过程中所表现出来的综合能力。因此体能包括两个层次：健康体能和竞技运动体能。

健康体能以增进健康和提高基本活动能力为目标，竞技运动体能以追求在竞技比赛中创造优异运动成绩所需体能为目标。因此无论是普通的体育运动爱好与参与者，还是专业的竞技运动员的体能都是通过力量、速度、耐力、协调、柔韧、灵敏等运动素质表现出来的人体基本的运动能力，这也是运动员竞技能力的重要构成因素。

人的体能是有限的，但体能的提高却是无限的，体能训练就是通过各类身体练习刺激机体，使之产生训练适应，达到提高体能的目的。人的潜能是无限的，因为人的适应能力是无限的，运动训练的任务就是运用训练负荷，打破机体原有的生物适应与平衡，使机体在新的水平上产生新的适应与平衡。

不同的运动项目有不同的体能训练特色与特点，没有体能，技能则变成无源之水；没有体能，心理能力也将无处依附。体能训练只有与专项技战术有机结合才能达到体能训练的目的，实现在体能训练中完善和检验技战术，在技战术训练中发展和巩固体能。

击剑运动，快速多变是灵魂，技术对抗是手段，速度力量是保障，击中得分是目的。速度是运动的生命，是进攻、防守、有效攻防转换的关键。有速度就有可能捕捉有利时机、摆脱防守或是防守反击，最终攻击得分。良好的体能条件是攀登运动项目技战术顶峰的必备条件，是现代高速、强对抗比赛中发挥及运用技术的必备条件，因此，击剑运动是攻防快速多变的，是对速度、力量、耐力、灵敏、协调、柔韧等体能要求全面的运动项目，所以利用一定的时间进行各项运动能力的提高是唯一的选择，同时体能训练并不是简单的重复，要不断地改变训练方法与手段，提高训练负荷的量和强度，形成梯度提高的系统训练计划。

（一）速度练习

速度是快速运动能力的反映，包括反应速度和运动速度。

1. 练习目的

（1）提高比赛场上启动、前进、后退、攻防迅速能力。

（2）提高无氧供能能力。

2. 方式与方法

（1）全场 5 圈变速跑，篮球或网球场地大小，边线加速跑，端线慢跑。

（2）击剑场地 3 个来回触线折返跑（底线、起始线、中线）。

（3）两人间距 5 米背向听口令追逐跑。

（4）跳绳，计时、计数双脚并拢双摇单跳或双脚交替跳。

（5）15 米两脚前后交叉侧身跑。

（6）听口令、看信号不同姿势起跑。

（7）原地扒地折叠跑、高抬腿跑。

（8）20—30 米距离行进间扒地折叠跑接高抬腿跑接快速跑。

（9）20—30 米后蹬跑，一脚用力蹬地，另一腿膝盖上提呈弓步状腾空，最后前脚掌落地完成一次完整动作。

3. 练习要求

练习前要充分进行热身准备活动防止拉伤和过度疲劳损伤，每次跑要尽全力，两臂呈跑步动作前后摆动协调配合，慢跑时随意但不许走。

（二）力量练习

肌肉力量是所有生物动力的源泉，是完成和实现意志目标的前提。力量素质犹如大楼的地基，地基工程与楼的高度成正比，因此力量素质是人的活动能力和专项对抗能力、专项速度、专项技术、比赛时进攻与防守中的反应、跑动、加速以及防守与攻击的有效性的掌握与完善的基础和保证。

1. 练习目的

（1）为身体的各种活动打下坚实的基础。

（2）保证运动器官工作的实效性，动作效果的速度性和有效性。

2. 上肢力量练习方法

（1）不同角度的单、双臂俯卧撑或击掌俯卧撑，屈臂悬垂、引体向上（双手可正、反握杠，拉上时下颌过杠或后脑过杠），双手臂距离自行调整可锻炼不能肌肉群（支撑的双臂距离较大时，主要是靠胸肌发力；距离较小时，主要是肱三头肌发力）。

（2）二人合作推小车游戏（同伴提起双脚由双臂支撑身体前行）。

（3）单手拉伸一端固定弹力带进行投掷等各种动作练习。

（4）计时靠墙手倒立。

3. 腰腹背部力量练习方法

不同角度的俯卧背起、仰卧起坐、仰卧举腿、悬垂举腿等。

4. 下肢力量练习方法

（1）双手交叉头后深、半蹲起，深、半蹲跳起（10 个为一组，组间休息 30 秒，连续做 5 组）要求脚落地即起。

（2）前脚掌踏台阶提踵练习。

（3）双脚交替或并拢跳台阶。

（4）连续台阶蹬跳起，台阶高度以单脚踏上，大腿与地面平行或略低于地面为准，蹬跳起后空中换脚落下（10 个为一组，组间休息一分钟，连续完成 5 组）。

5. 练习要求

练习前要充分进行热身准备活动，防止拉伤和过度疲劳扭伤，练习中注意手脚配合协调发力。

（三）耐力练习

耐力是指长时间进行体力活动和抗疲劳的能力，分为肌肉耐力（力量耐力）和心血管耐力（有氧、无氧耐力）。古希腊名言：你想强壮吗？跑步吧！你想健美吗？跑步吧！你想聪明吗？跑步吧！

1. 练习目的

增强肌肉力量、提高肌肉耐力和提高心肺的功能。

2. 练习方法

（1）匀速跑，利用自然地形或周围适合的环境进行 10—15 分钟，距离控制在 2000 米左右的放松慢速跑，注意体会耐力跑的呼吸方法和呼吸节奏与跑步姿势。

（2）变速跑，在 2500—3000 米的距离由慢速跑逐渐变为中高速跑再慢跑的循环，学会调整呼吸频率与节奏和全身的协调配合。

（3）游戏跑，采用游戏跑可增强耐力跑的兴趣，防止枯燥乏味，与同伴进行长距离的竞赛性跑、传球运球跑、负轻物跑等。

（4）立卧撑，直立开始下蹲，两手体前撑地、两脚并拢后撤身体挺直，收腿还原成直立为一个完整动作，每组 10 个连续练习 10 组，组间休息一分钟。

（5）跳绳，计时 5—10 分钟采用两脚交替中速跳跃。

3. 练习要求

跑步中若出现“极点”现象可降低速度进行积极性的恢复，不能放弃锻炼就地坐下休息，运动前要多补充水分，运动中要做到动作连贯、连续不间断，手脚及全身的协调配合，运动后不可立即暴饮过冷水。

（四）柔韧性练习

指人体的关节活动以及韧带、肌腱、肌肉、皮肤和其他组织的弹性和伸展、延展能力，分为主动柔韧性和被动柔韧性。

1. 练习目的

改善人体关节周围组织的体积，加大韧带、肌腱、肌肉和皮肤的弹性和伸展性，增强人体的柔性和韧性，为进行速度、力量、耐力、灵敏、协调其他几项素质锻炼提供更好的保证。

2. 练习方法

（1）肩绕环，两臂屈肘指尖搭肩、上臂与地平行正反绕环，接两臂伸直同向或一正一反绕环练习。

（2）压肩，两人面对面双手搭肩直腿弯腰下压，背对背手臂相环扣直腿弯腰背起，被背者腰、腹、腿放松尽力伸展。

（3）牵引臂，单手伸直两脚前后站立背对牵引物做牵引或投掷动作。

（4）弓步正、侧压腿，正弓步时大腿与小腿折叠角度要大于 90 度，另一脚尖朝前腿尽量伸直；侧弓步时折叠角度小于 90 度，另一脚内脚弓与脚跟轮换着地，腿伸直。

（5）拉伸腿内侧肌肉、韧带，坐于地面，两腿伸直尽力分开，以髋为轴上体前倾手臂伸直前展，反复三五次为一组，还原休息半分钟进行下一组，连续完成三到五组。

（6）拉伸腿后侧肌肉、韧带，两腿伸直并拢，方法同上。

（7）正（侧）压腿，正（侧）立单脚支撑，一脚抬起搁于一定高度的物体上，两腿伸直不得屈膝，以髋为轴上体前倾（侧屈）下压。

（8）腕、踝关节绕环，直立地面两手十指交叉、两脚交替脚尖点地做绕环动作。

3. 练习要求

在准备活动后先进行柔韧性练习后再进行其他几项素质练习，做柔韧练习时动作要缓慢连贯，切忌突然、快速、急速发力。

（五）灵敏协调性训练

灵敏、协调素质是指人体在各种突然变换的条件下快速、准确地改变身体移动方向和在身体活动中随机应变的能力，是人体的一种综合素质，是体育锻炼中不可缺少的身体素质之一。在以上的速度、力量、耐力素质简要的锻炼方法中也都包含着一般的灵敏性和协调性的练习。

有了以上速度力量耐力等的良好基础，再进行击剑的专项训练会更加容易。只要在练习中用心体会和感受并积极加以改进、完善，就会使身体更趋完美、挑战极限。

二、技术

见花剑重剑佩剑章节。

三、战略思想

击剑与科学：击剑是一种生命的律动，也是一门以剑格斗的科学与艺术。

两位剑客持剑决斗，用剑尖（花剑和重剑）或剑（佩剑）刺中对手的有效部位，其科学基础却是物体的运动知识。

一位击剑运动员如果不能理解两个物体的相向运动或同向运动所包含的科学知识，那么他至少比对手失去了对事物背后所隐含真理的认知。只知其然，而不知其所以然。

科学是可以度量的，击剑的速度、力度、精度、距离都是可以用数字来表达的。

击剑是一种近身格斗，虽然现代奥运击剑的规则和专业的击剑服装和武器装备确保了这项运动的绝对安全性，但您必须明白，它仍然是一种以剑格斗的艺术。

因此，一位击剑手除了技术，也需要战术，更需要战略。击剑要求的速度、力度、角度、距离都不是绝对静止的，而是剑客得心应手所自控的和符合逻辑的。

速度可快可慢，为什么快为什么慢，要符合战斗逻辑即合理性；力度可轻可重，为什么轻为什么重，要符合战斗逻辑即合理性；角度可上下中左右斜，为什么，要符合战斗逻辑即合理性；距离可远可近，为什么直刺，为什么弓步刺，要符合战斗逻辑即合理性。

面对对手，察、断、行！

察指观察，断指分析决断，行指行动！所以国际上公认击剑有助于培养人解决问题的能力(PROBLEM SLOVING)。

按东方的说法，习剑也能提高一个人的觉悟。按西方的说法，那就是提升洞察力（INSIGHT）！

清楚地明了自己当下正在做什么，或更确切地说清楚地明了当下周遭的一切，一般称之为“觉”。

“哦，原来是这样！”知其然，又知其所以然，一般称之“悟”。

习剑的过程，就是习剑者一个不断觉悟的过程。

中国传统武学三境界说，第一重境界：见自己。每个习武者在日复一日，年复一年的练习中，逐渐地感知自己，看清自己，觉照自己。

第二重境界：见天地。随着对自己的越来越透彻明了，伴随着与其他同伴的对练或对决，习武者感知更大的世界。

第三重境界：见众生。当习武者融会贯通，感知天地万物，同体大悲时，最后的出路必然是走向奉献和服务众生的菩提大道上去!

很可惜，中国的武学在近代已经几乎消失了！

明代刘忠介在其著作《人谱》中言：

凛闲居以体独，卜动念以知几，谨威仪以定命，敦大伦以凝道，备百行以考德，迁善改过以作圣。

习剑对上述修养的帮助是显而易见的，请对照一看：

站桩练习 (ON GUARD POSITION)	凛闲居以体独
实战时预判对手 (PREDICT THE OPPONENT)	卜动念以知几
敬礼仪式 (SALUTE)	谨威仪以定命
日益精进 (PRACTICE AND PROGRESS)	迁善改过以作圣

中国古人历来讲修身养性，此刻我们不妨设想，如果日本国民没有剑道和花道的习练；美国国民没有美式足球的习练；法国意大利等国的国民没有击剑的习练；这些世界上的强国（有重要影响力的国家）是否依然还能保持其现有的地位？

讲到战略思想，最有名的莫过于法国的拿破仑·波拿巴（Napoléon Bonaparte，1769 年 8 月 15 日—1821 年 5 月 5 日，法兰西第一共和国执政、法兰西第一帝国皇帝，出生在法国科西嘉岛），这位卓越的军事天才曾经说过：世上有两种力量，一种是利剑，一种是思想，而思想终将战胜利剑。

同一把剑，在不同的剑客手中，剑的威力是完全不同的。

同一把剑，即使在同一个剑客手中，剑客的思想发生了变化，其发挥出来的威力也会随之不同。

因此，高质量的训练，需要在一个高质量的训练思想指导下才能完成。而高质量的实战，更需要高质量的战略战术思想指导才能得以完成。

击剑是一门“理论科学”与“实践科学”高度合二为一的优雅运动，所谓贵族运动，亲爱的读者，此处贵是指宝贵的“贵”，而不是价格贵的“贵”！

现实世界中，最宝贵的就是思想；而最稀缺的也是思想；最难以精准表述的也是思想；中国思想家老子说“道可道，非常道；名可名，非常名”；印度达摩所传的禅宗说“不可言说，不立文字”。

著名的美联储前主席艾伦·格林斯潘最近新作《动荡的世界，风险，人性与未来的前景》（*The Map and the Territory: Risk, Human Nature, and the Future of Forecasting*）单就书名来看，如果我们把它改成《对手刺来的剑；风险，人性与未来的前景》，亲爱的读者，您或许以为是一本击剑教科书呢！

这正是击剑运动的无限魅力之一，运用之妙，存乎一心！

四、击剑塑造完美人格

（一）关于行动

我们将从一个人的胆量（商）、智慧（商）、情绪（商）、德行、毅力来进行思考和探讨。

1919 年，中国清华大学教授马约翰赴美进修，看见中国同学大部分面色苍白，文质彬彬，心里难过。他后来一直对学生说四个“要”：

“你们要好好锻炼身体，要勇敢，不要怕，要有劲，要去干。别人打棒球、踢足球，你也要去打、去踢。他们能玩儿什么，你们也要能玩儿什么。不要给中国人丢脸，不要人家一推你，你就倒；别人一发狠，你就怕；别人一瞪眼，你就哆嗦。”

马约翰对学生说的四个“要”，不仅指体格，更包括内心。

从击剑这项运动来总结，可以说持剑向“敌”，需胆；击而能中，需智和技术；胜不骄败不馁，永不言败，需情；礼敬对手，保护弱者，共生共赢，需德；不断精进，日积月累，需毅。因此，可以说击剑教育，帮助塑造完美人格！

中国中央电视台知名主持白岩松在《中国，再启动》一书中（白岩松是作者之一，另一作者为龙永图先生）提到参加贵州电视台《论道》栏目时说的话：我们的教育不是只要培养未来的大学生，而是要培养未来的中国人，培养作为一个人该拥有各种层面的素养。

但遗憾的是白岩松先生只是指出了问题，却没有提供针对问题的解决之道。

而德国文化丛书《现代人的焦虑和希望》的作者孙志文则指出：现代人卷入愈来愈唯理化的生活形态愈深（我们只消举许多控制人日常生活的科技为例），他的反应就愈加得不合理性；现代人愈是从物质的困境解脱，愈不明白该做什么；现代人自由愈多，愈不知道该如何享用自由；教育系统里引进愈多的科技，真正的学习过程愈加罕见；学生愈加的投入所谓客观的学习法，学生踏出校门时素质愈差；现代医院所用科学仪器愈多，医师离他的病人愈远。

作者在这些基础上提出了“新教室里的新精神和明日社会”的思考。

在 20 世纪早期，中国的著名作家鲁迅先生曾经写过多篇讨论国民性的文章，他批评中国其时的中国人习惯于做看客，坐着爱空谈，站着看热闹，就是缺乏起身动手撒开膀子干的精神。

可以说，上述诸位大家名家都在不同的侧面和角度讨论国民性和人的行为。无论群体或个体，唯有行动才能改变未来。

如果没有行动，一切都是空谈，正如俗话所说的“纵使思忖千百度，不如亲手下地锄”！

人们常说：最大的失败不是失败本身，而是因为恐惧失败而放弃尝试。虽然我们也在鼓励人们行动，但我国大部分民族自古以来并不崇尚体育运动，中国传统文化中甚至鄙视体力劳动；时至今日，中国社会对“农民工”一词仍带有一定的歧视，而现在人们看到广大青少年不是大量在运动场上，而是大量地在补习班上，小学生近视以及体质下降现象严重，每一位关心下一代的家长和教育界人士依然任重道远。

而击剑恰恰是一门行动的科学，击剑训练中站的步法，可以养成一个人的定力。经过每次训练和长期持久的训练，一个人的定力就会越来越专注，越来越强，而这种定力，对于一个人一生中的做事将极具帮助作用。

击剑训练中反复行进和后退的步法，可以养成一个人的毅力。经过每次训练和长期持久的训练，一个人的行动力就会越来越韧，越来越久，而这种行动力，对于一个人一生中的做事将极具帮助作用。

击的步法，可以养成一个人的战力。经过每次训练和长期持久的训练，一个人的战力就会越来越强，越来越快速而高效，而这种战力或者说突破成功的能力，对于一个人一生中的做事或遇到其他需要时将极具帮助作用。

我们要和你分享其中一位中国杭州十三中普通男生的习剑故事，在他身上所发生的变化，让我们再次明白：世上最令人惊叹的力量是一以贯之的行动，世上最伟大的力量是时间。

行动和时间，改变就会悄然发生！

“行动改变世界，时间改变世界，行动加时间，世界将朝向你所希望的方向改变！”

“两个完整的学年过去，无论是身体还是心智，我都看到了孩子的成长。身体上儿子已然是一位青春朝气的少年郎，心智上经过两年多的击剑练习、实战和比赛，也已经成熟不少。”王同学母亲的喜悦之情，流露在脸上。

可怜天下父母心啊！两年前的一幕还时时出现在眼前，作为一个母亲，让孩子学习击剑，却有一个没有说出来的原因。

“我儿子有点驼背，教练，击剑会对小孩驼背有改进吗？”这是这位母亲初次来到击剑教育中心时说的第一句问询的话。

当教练说了一大堆学习击剑的好处后，这位母亲为自己的儿子报了名。“既然说得有些道理，就试试看。”她在心里想。

在随后的日子里，孩子开始了每周一次的训练，跑步、压腿、俯卧撑等是免不了的；反反复复地练习击剑步伐是免不了的；反反复复地练习持剑、刺靶是免不了的；反反复复地对练是免不了的；输输赢赢的实战是免不了的。

……

亲爱的读者朋友，这不仅仅是在练剑，这是在练人！

两年中，汗水、泪水都有；友情、矫情也有；但付出和收获更多！

两年以后，该学生不仅身体长高长结实了，也没有了该母亲所担心的驼背问题，家长的脸上露出了欣慰的神情。

关于“笃行”，中国本就有很好的教育理念。《中庸》的一句话“博学之，审问之，慎思之，明辨之，笃行之”曾经在不同的场合经常为时任中国总理温家宝所引用。

意思是必须广博地学习，审慎地询问，慎重地思索，明晰地辨析，踏实地履行，才能真正达到理想的学问境界和人生境界。

而美国文化的“JUST TRY”“JUST DO IT”思想则随处可见。

日常生活中，我们常可以听到美国人说：“JUST HAVE A TRY！”“JUST DO IT！”这说明美国人在工作、生活中非常鼓励尝试。

不过，无论中国、美国还是加拿大，一个有趣的现象是人类生活中的“好学厌习”现象：无论西方还是东方，好“学”（LEARN）的人很多，好“习”（PRACTICE）的就少多了。

无论是练习钢琴、绘画，还是练习剑术、中国书法，总是学的人多，日常坚持练习的人少。

我们特意为大家推荐一本书：

Talent Is Overrated: What Really Separates World-Class Performers from Everybody Else

中文名：**《哪来的天才：练习中的平凡与伟大》**

Asked to explain why a few people truly excel， most of us offer one of two answers. The first is hard work. Yet we all know plenty of hard workers who have been doing the same job for years or decades without becoming great. The other possibility is that the elite possess an innate talent for excelling in their field. We assume that Mozart was born with an astounding gift for music， and Warren Buffett carries a gene for brilliant investing. The trouble is， scientific evidence doesn't support the notion that specific natural talents make great performers.

According to distinguished journalist Geoff Colvin， both the hard work and natural talent camps are wrong. What really makes all the difference is a highly specific kind of effort—"deliberate practice"—that few of us pursue when we're practicing golf or piano or stockpicking.

Based on a wide array of scientific research， Talent Is Overrated shares the secrets of extraordinary performance and shows how to apply these principles. It features the stories of extraordinary people who never stopped challenging themselves and who achieved world-class greatness through deliberate practice-including Benjamin Franklin, comedian Chris Rock, football star Jerry Rice, and top CEOs Jeffrey Immelt and Steven Ballmer.

（二）关于胆识和胆商

人的一生将面临无数的不确定性，在危险和机遇面前，胆大鲁莽或胆小懦弱皆不是明智之举。

一个人的勇气不会从天而降，而是需要正确的后天培养。这一点就连自然界的雄鹰和狮子也知道。

雄鹰总是在等到雏鹰长出羽毛到一定阶段后，就会把雏鹰带到山谷训练自由翱翔；而狮子也一样，在等到小狮子长到一定时候，就开始带领幼狮进行捕食训练。

如何培养一个孩子使其拥有正常的勇气或胆量，本来不应该成为人类的问题；但中国大陆地区的独生子女政策，客观上造成（尤其是城市家庭）六位大人围着一个孩子转的现实普遍出现。一个孩子从在其母亲怀孕的肚子里开始就成为全家的关心重点，等一出生更成为全家的宝贝，过度地保护反而剥夺了孩子爬的机会，走的机会，以及一系列的学习机会。

等到孩子上学，由于同样的原因，所谓危险的体育课项目都被压缩了。所以我们现在的孩子，普遍没有机会学习如何面对危险和处理危险，更不要说学习如何管控危险了。幸运的是，随着全球化时代的来临，像击剑这样既安全又激情的运动也开始进入中国。

持剑向“敌”，需胆，击剑运动无疑是培养一个孩子胆商的最佳途径。

中国古话说：少不磨砺难成器，金玉品格，烈火中炼！这是值得新时代的家长们警醒的教育名言。

中国传统武学曾经有一句俗语：一胆，二力，三功夫。意思是说两人（或两军）对决，首先靠胆，所谓狭路相逢勇者胜；其次靠体力；最后才是搏击的技巧。

根据我们多年的击剑教育实践，击剑的价值提升和外延扩展，我们把它分析归纳为敢战、善战、止战。分别代表三个阶段能力和三重境界的实力：

敢战：生理上不怕痛（战争时是不怕死），心理上不怕输。

善战：体能上强于对手，智能上高于对手，技能上优于对手。

止战：实力上胜人一截，战略上高人一筹。

敢战不一定能胜，所以要慎战（切记：是慎战而不是怯战），更要善战。善战前的慎战，是说明要做到善战不是凭空得来，而是要做大量的积极准备。

止战，这无疑是一种最高的要求了，是超越善战的境界，没有超强的实力做基础，没有高明的战略做指引，要做到不战而屈人之兵是不可能的，要劝和决斗的两方化干戈为玉帛也是不可能的。

中国自古以来就有两句非常辩证的话：一句叫“国虽大，好战必亡”；另一句叫“天下虽安，忘战必危”。“ 民不习兵，兵不习战，此距亡国不远矣！”曾经历史上发生过一场影响深远的中日韩海战，最近被韩国拍成电影《鸣梁海战》，依然给予后人无穷的启示。国家是如此，其实每个人的生活中，必要的风险危机意识和防范准备，也是一样的道理。

美籍华人李小龙作为功夫之王为世人所铭记和怀念，但是大家别忘了李小龙先生是美国华盛顿大学哲学系的毕业生，下面是一首李先生写的小诗：

勇于自信

如果你认为自己会败，你已败了。
如果你认为自己不敢，你已退缩了。
如果你想赢，却又没有把握，
几乎可以断定你没有胜算。
如果你认为自己会输，你已输了。
四海宇内我们会发现，
成功始于人的坚强意志。
一切都是境由心造。
如果你认为人家超过了你，那就是这样，
要攀登高峰，你必须志存高远。
只有对自己充满信心，
才能赢得胜利和嘉奖。
人生的搏击并非总是偏向
那些人——更快或更强的人。
而更青睐于胜利者
勇于自信，敢于那样想的人。

一个人可以被毁灭，但不能被打败。（But man is not made for defeat... A man can be destroyed but not defeated.）

这句话出自欧内斯特·米勒·海明威（Ernest Miller Hemingway，1899 年 7 月 21 日—1961 年 7 月 2 日，美国记者和作家，诺贝尔文学奖得主，20 世纪全球最著名的小说家之一）的名作《老人与海》。

以上，一位是来自东方的功夫之王，一位是来自西方的文学大师，但是他们对于人的精神上的独立和信心，却持有相同的见解。

（三）关于智商

持剑向“敌”，需胆！ 击而能中，却是需“智”和“技”！ 两位击剑选手对决，如果单凭力量，你不一定能胜；单凭速度，也不一定胜。击剑是胆量、力量、速度和智慧的综合较量。

中国古语说：智者不惑，仁者不忧，勇者不惧！

对一个活动目标的有效击中，需要技巧；对一个不仅仅是活动目标，并且这个活动目标是具有攻击能力的，需要的就不仅仅是击打的技巧，更需要战胜目标的智慧。

而智慧从哪里获得？从自己的失败中，从自然界的观察中获得。所谓“善战者不败，善败者不乱”，人们从失败中学到的东西一样十分宝贵，因为它们无法从胜利中获得，无论胜利或失败，对于学习而言各有其无可替代的价值。

而日常生活中人性的弱点却使人们喜欢胜利害怕失败，甚至有意地想逃避失败，比如比赛中想避开强的对手，却忘了只有多和强者对战才能使自己更强的真理。

但这种随身的智慧却非得亲身经历才能获得，“纸上得来终觉浅，绝知此事须躬行”。

世界舞台上知名女性领导人，韩国总统朴槿惠也在她的传记中强调：“只有亲身体验，才能领悟真理。”

击剑对于自我保护也有极大的帮助。接受过良好击剑训练的儿童或女性，首先对于是否将面临危险或身处险境的预知或感知能力本身就优于一般的未经训练者。

（四）关于情商

讨论了行动、胆商和智商；我们一起来谈谈关于人类的情商培养和管理。对情绪的认知和管理，既是一门学问，也是一门练习。

赛场上，胜不骄，败不馁。对一名优秀的选手而言，更是如此。

人生中，得之不喜，失之不忧，说易做难。

如果人们在少年时代很少接触如足球、击剑等直接对抗运动，成年后要在人生的战场上“得之不喜，失之不忧”会有多困难，亲爱的读者，我想你也能想象到。

虽然每个人的天分不同，但一个情绪稳定的人，必定需要磨炼。

从击剑的人群来看：击剑水平上等的人，无论对战输赢，往往都很虚心，认真地找能从对手身上学的东西；而下等水平的人，往往赢了忘乎所以，甚至偶有狂妄之举，输了则垂头丧气，甚至发泄不良情绪到队友、教练，乃至父母身上。

一个习剑的学子，如果对击剑的对决输赢无所谓，这肯定不是一种正确的态度；如果输了垂头丧气，赢了得意忘形，也不是优秀选手应有的一种态度。

但你理解并认可上面的道理，却不等于你能做到对自己情绪的控制。“玉不琢，不成器。”这些间接的理论知识，听懂或知道却不经多多磨砺，是无法成为一个人真正随身的品质的。

一个真正的习剑者，应该力戒骄傲之心，不应有丝毫骄傲自满的情绪。骄傲会使人产生优越感，稍受影响就转变成恐惧和不安全感。

海明威在其作品中说：优于别人，并不高贵；真正的高贵，应该是优于一个人自己的过去（There is nothing noble in being superior to some other man, The ture nobility is in being superior to your previous self）。

不断自我反省、自我改进，应该是每一个习剑者的态度和行动！

中国明代《菜根谭》的作者洪应明有语：“一苦一乐相磨练，练极而成福者，其福始久；一疑一信相参勘，勘极而成知者，其知始真。”这也是信息网络时代快餐文化流行进程中，东方智慧加西方击剑贡献给世界的一种对治方法。

对一个人心性的打磨，需要一种适当的途径。古时候的中国人或每日洒扫庭院或习练书法，而对于全球化信息化时代的现代人来说，习剑是一种既时尚又快乐的“修行”，是一个有效地帮助人们感知自己的心性，磨砺自己的心性，进而提升自己心性的美丽过程。

没有人想输，在剑道上！

在人生的战场上，想来也没有人生来就想输吧！（只有反反复复亲历练习和实战的人，才能更加深切地知道，人生不是只有输赢，输赢之外还有很多，甚至可以说输赢之外更有大学问大境界等着你去探索。）

这里与你分享的是中国杭州文澜中学一位男同学的一件训练逸事。

谁都想赢，不独是您！

H同学是一个很不错的学生，他的家长及家庭环境也不错。2012年的夏季，他开始报名习剑。

在他学习了一个月后，文澜中学在中英击剑教育中心的帮助下开始组建击剑社团。在击剑社团的首次报名体验课上（打5剑制），他却被一位从来没摸过剑的新手打败了！（当然，其实他自己也是新手，才学了四五堂课。）

被人打败，他可能感到羞耻。他对他的父母说，他要放弃习剑了，他可能觉得自己好没用，也可能觉得击剑中心的四五堂训练课好没用。他的逻辑可能是既然自己学习了四五堂课，那就应该打败所有没学过的同学。

他是否这样想？答案只有当面沟通才知道，才能真正解决问题。

当H同学周末好不容易在家长的陪同下再次来到击剑教育中心时，我们看到了他脸上的低落和沮丧。

"你有点不想练了？"

沉默。

"你就这样甘心认输？"

"不甘心！"

"既然不甘心，怎么能轻言放弃呢！""你知道自己在体验课输的原因吗？"

"不知道。"

"击剑，并不是学了几堂课就天下无敌。也许别人持剑无意中拿得比你直，无畏无惧地向前冲得比你快，格挡时比你时机掌握得佳，而你虽然学了点皮毛却并未真正地掌握，更不用说实际使用了。

"在没有彻底搞清输剑的原因之前，就轻言放弃，这并非是果断的表现，而是懦夫所为！谁都想赢，不单是你。但是你想赢对手，做真正的强手可不是战胜弱者就可以，而是和强手过招，向强手学习，并最终战胜强手！"

菊杰点评：

一个真正的剑客一定会尽一切可能回到曾经失败过的赛道，赢回自己的一切。这一切无关任何他人，只与自己有关。

击剑是自我成长和自我完善的最佳方式。

我们很高兴与大家分享H同学的故事，令人欣喜的是经过教练的疏导和帮助，经过一起分析，该同学终于解开思想疙瘩，继续认真地练习，并且在随后的日子里，成为了文澜中学击剑社的主力队员，在杭州的中学校际击剑友谊赛中，学校击剑社也取得了好成绩！

本书出版的时候，该同学已经赴美留学。我们深深地祝愿，愿击剑教育成为每一位习剑的学生青少年时代所受教育中最美最使之受益终身的教育！

（五）关于品德

中国历史上秦国知名的政治家、改革家商鞅曾在其《商君书》中讲述：“王者之兵，胜而不骄，败而不怨。胜而不骄者，术明也；败而不怨者，知所失也。”中国古代人的智慧光芒穿越时光隧道，依然可以指导今天我们当代人的现实困境。以中国足球来作为案例，读者朋友可以看到，我们现代的足球官员、球员、球迷、普通观众大部分做的刚好相反：我们是胜了就骄，败了就怨。因为我们胜不知术明在何处，败也不知真正所失何处啊！

“厚德载物，自强不息！”中国《周易》里的这一名句广泛地为中华儿女所铭记。德者，在中国的文化历史长河中，居于极其重要的地位。

无论练习，还是比赛开始时或结束时的敬礼仪式，无时无刻不在提醒击剑选手：礼敬对手，保护弱者是一位德者应该做的行为。

无论古代中国，还是欧洲历史上，贵族精神或骑士精神都包含着一些宝贵的共同的内涵。

现代击剑运动的特点是既保持了双方选手对战的斗智斗勇斗技，同时又在专业服装面罩等保护下确保了完全的安全！

一个人的品德，不能单靠教育，更要靠平时行动和处境的磨炼。而且历史实践一再证明，未经危险处境考验过的所谓品德高尚之徒，往往在危难关头不一定靠得住！（所谓国难当头之时气节还不如一个婢女甚至妓女的士大夫在中国历史上数不胜数！）

中国宋朝的苏洵曾经有文如下：

心 术

为将之道，当先治心。泰山崩于前而色不变，麋鹿兴于左而目不瞬，然后可以制利害，可以待敌。

凡兵上义，不义，虽利勿动。非一动之为利害，而他日将有所不可措手足也。夫惟义可以怒士，士以义怒，可与百战。

凡战之道，未战，养其财；将战，养其力；既战，养其气；既胜，养其心。谨烽燧，严斥堠，使耕者无所顾忌，所以养其财；丰犒而优游之，所以养其力；小胜益急，小挫益厉，所以养其气；用人不尽其所欲为，所以养其心。故士常蓄其怒、怀其欲而不尽。怒不尽则有余勇，欲不尽则有余贪。故虽并天下，而士不厌兵。此黄帝之所以七十战而兵不殆也。不养其心，一战而胜，不可用矣。

他充分强调“义”的重要性。无独有偶，在曾经的苏联有一位杰出红军统帅和军事理论家——米哈伊尔·瓦西利维奇·伏龙芝（**Михаи́л Васи́льевич Фру́нзе**，1885 年 2 月 2 日—1925 年 10 月 31 日，生于吉尔吉斯斯坦比什佩克城，即现在的比什凯克，该城曾于 1926 年至 1991 年以伏龙芝命名。他一生在军事理论上有很多贡献，留下很多著作，为苏联武装力量的建设做出了不可磨灭的贡献）同样一针见血地指出：正义没有武力是无能；武力没有正义是暴政。

说起来多么残酷啊，只有战争会让人类的“假大空”走开！会让纸上谈兵者没有市场！因为“假大空”和“纸上谈兵”在战争来临时会让其付出沉重代价，让其无处遁形！

现代奥运击剑，虽然是一项体育运动，而伴随着它的文化却源远流长，其中有关“骑士”和“骑士精神”是留给大众最深刻的烙印。

I will be kind to the weak.	我将善待弱者。
I will be brave against the strong.	我将勇敢地对抗强暴。

I will fight all who do wrong.	我将抗击一切错误。
I will fight for those who cannot fight.	我会为手无寸铁的人战斗。
I will help those who call me for help.	我会帮助任何向我求助的人。
I will harm no woman.	我决不伤害任何女人。
I will help my brother knight.	我会帮助我的兄弟骑士。
I will be true to my friends.	我会真诚地对待我的朋友。
I will be faithful in love.	我发誓将对所爱至死不渝。

随着全球化时代的到来，中国出国留学、旅游和参加商务活动的人越来越多，时常也有媒体报道中国人在国外的一些不文明行为，诸如过马路闯红灯、商场景点不排队、餐厅大声喧哗等。

一位习剑过程中遵循“尊重剑（包括尊重历史和规则），尊重对手，尊重自己”原则的人，其实也是在学习与天地相处，与人相处，与己相处。

在日常活动中一位选手必须养成对剑的尊重，通过对自己使用的剑的爱惜和保养，从点点滴滴中去感知，去体现！

击剑，在速度与激情的外表下，每个人（并不局限于职业运动员）都可以去体验尝试，去感悟：它让一个普通人去真切地感受属于每个人的“紧张恐惧”与“兴奋刺激”，“手忙脚乱”与“得心应手”！它以近乎禅宗般的理念直截了当地让你理解自己，理解对手和理解这个自然世界。即中文的知己！知彼！知道（《道德经》的道）！

每次场上都应认真履行击剑的敬礼动作！无论内心还是外在，日常场下训练或生活中都要保持对他人的尊重，包括对规则的尊重！

善待他人，同时也要学习善待自己，尊重自己每一次的训练和实战，尊重自己流出的每一滴汗水。尊重自己，理智地对待每一次的失败挫折或胜利喜悦！

如果中国的中小学教育能够更加重视体育运动，特别是对抗性运动，将会在潜移默化中有利于中国孩子们良好行为习惯的养成和文化上的熏陶，新一代全球化信息化时代成长起来的中国少年郎将有别于他们的父母辈，将以崭新的姿态活跃于世界的舞台。

第三篇

世界剑术历史知识点滴

剑在远古时代是人类为了生存，同野兽进行搏斗和猎食所使用的工具。

随着人类历史的发展，剑由最初的石制、骨制发展到青铜制、铁制，最后到钢制，并作为战争的武器，逐步走上历史舞台。击剑在古埃及、中国、古希腊、古罗马、古代阿拉伯等地十分盛行。公元前 11 世纪，古希腊就出现了击剑课，并有专门的剑师讲课。有关古老的击剑形式，在希腊、埃及等国家中的一些历史建筑和纪念碑上都可见到关于击剑的浮雕。

在中国，剑作为一种武器，春秋以前就已经流行了。很多铸剑师以及他们铸造的名剑都是大家耳熟能详的，如欧冶子的鱼肠剑，干将、莫邪铸造的雌雄双剑等。中国的剑术也很丰富，有知名的剑客如荆轲、要离等，其中《史记·刺客列传》中荆轲刺秦王的故事更是被后人拍摄成了电影大片。

现代奥运击剑运动应该说起源于中世纪的欧洲，随着火药的发明和枪炮的出现，剑在战场上逐渐失去原有的威力。尽管击剑术的军事价值日渐减少，但是其在娱乐、格斗和竞赛中的作用就愈加显得重要和流行起来，并逐渐成为一门专有的运动。14 世纪，在西班牙、法国和意大利出现了一个令人羡慕的骑士阶层，他们以精湛的剑术纵横天下，博得了广泛的美誉。此后各国贵族纷纷效仿，一时间击剑成为上流社会的时尚。

当时在欧洲，击剑与骑马、游泳、打猎、下棋、吟诗、投枪一起被列为骑士的七种高尚运动。骑士们平时凭剑起誓忠诚，死后的墓碑上必须雕刻着剑。社会上的闲适阶层、骑士、贵族更是习惯随身佩戴一把剑，把掌握一定的击剑技术作为一种高尚的技能。为了研究和推动击剑技术的发展，欧洲各国纷纷成立击剑行会(击剑协会和学校)。其中最早和最富盛名的就是马克斯布律和洛温欠格的斯特·马库斯协会，其总会设在法兰克福，分会遍及各地，并于1480年的纽伦堡得到了罗马皇帝特许权。这些协会都有力地促进了击剑运动的蓬勃发展。

西班牙被认为是现代击剑运动的摇篮，第一本击剑书籍就是由两位西班牙教练编写的。西班牙人多莱德还改进制造了一种轻巧细长、高质量，类似于现代重剑的三菱形剑，取代了原来那种笨重长大的传统剑。

意大利击剑之父马罗佐最先使剑术得以规范。1536年，马罗佐在西班牙人论述击剑技术的基础上，进一步详细地撰写了《击剑原理》。此后阿格里巴在1553年、吉冈蒂在1606年分别写《击剑论》。在这些学术著作中，主要论述了击剑运动的四个基本姿势，但就是这四个基本姿势的论述和应用使得意大利人在击剑技术教学方面一度处于欧洲的领先水平，由此产生了极大的影响力。从此击剑正式作为一种格斗性质的艺术被确认并流传下来。

击剑运动真正得到全面的发展则是在法国亨利三世和亨利四世时期。16 世纪末到 17 世纪初的欧洲盛行决斗。欧洲各地，尤其是法国，到处是决斗场：为了爱情，为了财产，为了一切，一言不合，即拔剑决斗，胜者为王。1588 年到 1601 年法国决斗成灾，20 年里巴黎就有 8000 名贵族、绅士在决斗中毙命。“我们去郊外吧”成为人们最熟悉不过的挑战语言。

上流社会巨大的人员伤亡，导致了王室及贵族阶层的警觉与恐惧，法国国王路易十三的宰相黎塞留为此发出禁令，不许决斗，然而直至 1627 年甚至将一位公爵处决也仍然未能平息决斗热。为了满足人们的决斗热而又不至于伤人，于是人们设计出一种轻巧、剑身呈四棱状的剑，这便是现在花剑的雏形。在法国路易十四时期，法庭上正式规定击剑者的服装：男士要穿浮花织锦的外衣和斗篷，下身穿着马裤和长筒袜；贵妇也要身穿丝绸和缎子制作的马甲或坎肩式上衣，同时配合讲究的发型。1643 年前后，法国国王路易十四对当时法国的击剑服装和器具做了统一的规定，并将巴黎资格最老的 6 名剑术师封为世袭贵族，由此开了法国剑术流派之先河，击剑作为一种体育竞技项目初具雏形。从此，在欧洲的习武厅、击剑厅及专业学校里，花剑的击剑方式逐渐形成并日趋完善。

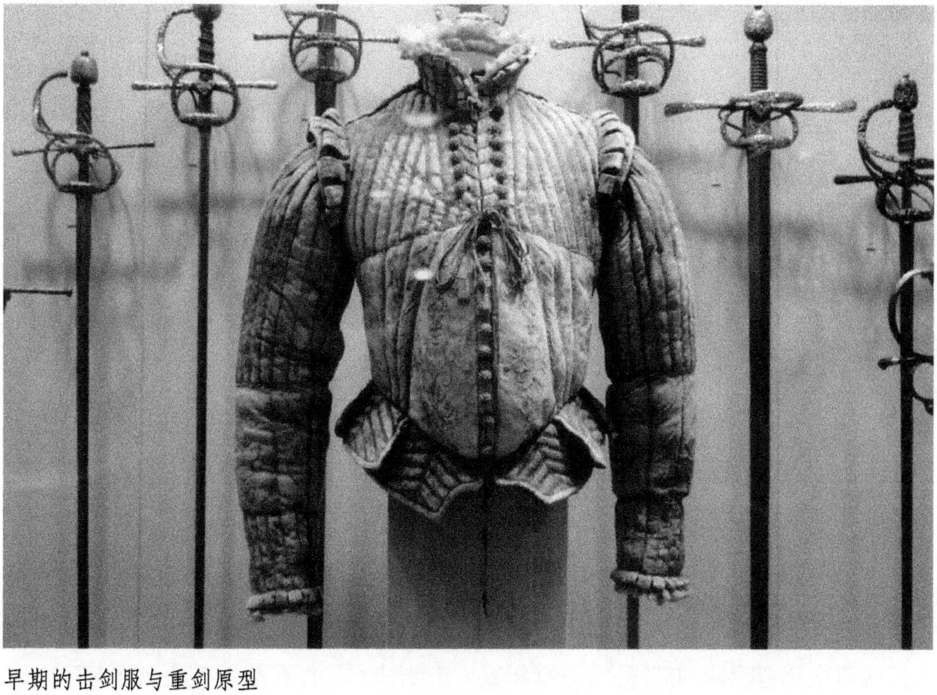

早期的击剑服与重剑原型

1776 年，法国著名击剑大师拉布瓦西埃发明了面罩，这一发明使击剑运动进一步走上了高雅道路。人们戴上面罩、手套，穿上击剑服，就可以安全地进行一连串的攻防交锋。面罩的问世是击剑运动发展的一个里程碑，法国也成为当时欧洲击剑运动的发展中心。

热衷于决斗的绅士和贵族从 1885 年开始，在习武厅进行练习时，使用三棱形剑，交锋不限制部位，这就是延续至今的重剑。18 世纪末，匈牙利人对东方波斯人、阿拉伯人及土耳其人早期骑兵用的弯型短刀进行了改造，于剑柄上装配了一个像弯月形的护手盘，在击剑时可以起到保护手指的作用。后来，意大利击剑大师朱赛普·拉达叶利将它进一步改进，使它能在击剑运动和决斗中使用，并根据骑兵作战的特点，规定有效部位为腰带以上，这便成为现代佩剑的前身。至此，人们在从事击剑时就可以自由地选择花剑、重剑和佩剑。

19 世纪初，法国击剑权威拉夫热耳倡议，将花、重、佩这三种不同式样的剑的重量再减轻，同时对一些技术原理及战术意义进行深入研究，并且在一些欧洲国家经常开展竞赛活动。击剑运动由此逐渐成为国际性的体育竞赛项目，并最早成为奥林匹克大家庭中的一员。

自从 1896 年雅典现代奥运会开始以来，击剑是少数几个每届奥运会都被列为比赛项目的运动之一。1896 年在雅典举行的第 1 届现代奥运会上就设有男子花剑、佩剑的比赛。1900 年在巴黎举行的第 2 届奥运会上增加了男子重剑比赛。1924 年在巴黎举行的第 8 届奥运会上又增加了女子花剑比赛。1992 年在巴塞罗那举行的第 25 届奥运会上，女子重剑被列为正式比赛项目。女子佩剑于 2004 年雅典奥运会上被正式列为奥运会项目。

1913 年 11 月 29 日，在法国巴黎成立了国际击剑联合会。1914 年 6 月，在巴黎通过了《击剑竞赛规则》，从而使击剑运动竞赛趋向公平、合理。

1931 年，重剑比赛开始使用电动裁判器。1995 年，电动花剑裁判器也运用于比赛。1989 年，佩剑比赛开始采用电动裁判器。电动裁判器的发明也是现代击剑运动史上的一个里程碑。它使击剑比赛更加公平，同时推动击剑技术向更新的高度发展。

法国、意大利、俄罗斯、德国、匈牙利在不同时期，都是击剑强国，引领着世界击剑运动发展的潮流，并各自代表一个古典的击剑流派，其基本技术动作和战术打法风格都有明显的差异。近 50 年来，击剑技术动作和战术打法风格有了迅速的发展。20 世纪 50 年代末，法国和意大利在花剑项目上的优势极其明显。前者的打法冷静沉着，一般是以技巧取胜；后者的打法紧逼接近，擅长通过剑的不断接触控制对手，采取果断的进攻策略。20 世纪 60 年代初，苏联异军突起，但他们更加注重身体的素质，善于把握实际，采取强攻态势，并在强攻的基础上打第二意图战术，出奇制胜。20 世纪 70 年代末到 80 年代初，联邦德国后来居上，其打法比较随意，最先使用甩剑刺、点刺和大角度刺，给人以耳目一新的感觉。20 世纪 90 年代，古巴开始崛起，古巴的击剑运动员速度极快，爆发力强，以频繁的攻守转换、极强的交锋能力打击对手。

美国最近几年击剑发展很快，成绩突出。

亚洲国家日本、韩国近年来也有上佳的表现，目前花剑项目的竞争已是群雄逐鹿、竞争异常激烈。

中国在 1984 年奥运会上由一代名将栾菊杰夺得女子花剑金牌，之后一度沉寂；2008 年再度由佩剑选手仲满夺得北京奥运金牌；2012 年伦敦奥运会由雷声夺得男子花剑金牌，李娜等四名选手夺得女子重剑团体金牌。击剑正在成为中国不少家长和学生的选择……

世界奥运击剑历届名录

女子佩剑

Games	Gold	Silver	Bronze
2004 雅典	Mariel Zagunis（美国）	Tan Xue（中国）	Sada Jacobson（美国）
2008 北京	Mariel Zagunis（美国）	Sada Jacobson（美国）	Rebecca Ward（美国）
2012 伦敦	Kim Ji-yeon（韩国）	Sofiya Velikaya（俄罗斯）	Olha Kharlan（乌克兰）

女子重剑

Games	Gold	Silver	Bronze
1996 亚特兰大	Laura Flessel（法国）	Valerie Barlois（法国）	Györgyi Szalay（匈牙利）
2000 悉尼	Tímea Nagy（匈牙利）	Gianna Hablützel-Bürki（瑞士）	Laura Flessel-Colovic（法国）
2004 雅典	Tímea Nagy（匈牙利）	Laura Flessel-Colovic（法国）	Maureen Nisima（法国）
2008 北京	Britta Heidemann（德国）	Ana Maria Brânză（罗马尼亚）	Ildikó Mincza-Nébald（匈牙利）
2012 伦敦	Yana Shemyakina（乌克兰）	Britta Heidemann（德国）	Sun Yujie（中国）

男子佩剑

Games	Gold	Silver	Bronze
1896 雅典	Ioannis Georgiadis（希腊）	Telemachos Karakalos（希腊）	Holger Nielsen（丹麦）
1900 巴黎	Georges De La Falaise（法国）	Léon Thiébaut（法国）	Siegfried Flesch（奥地利）
1904 圣路易斯	Manuel Díaz（古巴）	William Grebe（美国）	Albertson Van Zo Post（古巴）
1908 伦敦	Jenő Fuchs（匈牙利）	Béla Zulawsky（匈牙利）	Vilém Goppold von Lobsdorf（波黑）
1912 斯德哥尔摩	Jenő Fuchs（匈牙利）	Béla Békéssy（匈牙利）	Ervin Mészáros（匈牙利）
1920 安特卫普	Nedo Nadi（意大利）	Aldo Nadi（意大利）	Adrianus De Jong（荷兰）
1924 巴黎	Sándor Pósta（匈牙利）	Roger Ducret（法国）	János Garay（匈牙利）
1928 阿姆斯特丹	Odön Tersztyánszky（匈牙利）	Attila Petschauer（匈牙利）	Bino Bini（意大利）
1932 洛杉矶	György Piller（匈牙利）	Giulio Gaudini（意大利）	Endre Kabos（匈牙利）
1936 柏林	Endre Kabos（匈牙利）	Gustavo Marzi（意大利）	Aladár Gerevich（匈牙利）
1948 伦敦	Aladár Gerevich(匈牙利）	Vincenzo Pinton（意大利）	Pál Kovács（匈牙利）
1952 赫尔辛基	Pál Kovács（匈牙利）	Aladár Gerevich（匈牙利）	Tibor Berczelly（匈牙利）
1956 墨尔本	Rudolf Kárpáti（匈牙利）	Jerzy Pawłowski（波兰）	Lev Kuznetsov（苏联）
1960 罗马	Rudolf Kárpáti（匈牙利）	Zoltán Horváth（匈牙利）	Wladimiro Calarese（意大利）
1964 东京	Tibor Pézsa（匈牙利）	Claude Arabo（法国）	Umar Mavlikhanov（苏联）
1968 墨西哥城	Jerzy Pawłowski（波兰）	Mark Rakita（苏联）	Tibor Pézsa（匈牙利）
1972 慕尼黑	Viktor Sidyak（苏联）	Péter Maróth（匈牙利）	Vladimir Nazlymov（苏联）
1976 蒙特利尔	Viktor Krovopuskov（苏联）	Vladimir Nazlymov（苏联）	Viktor Sidyak（苏联）
1980 莫斯科	Viktor Krovopuskov（苏联）	Mikhail Burtsev（苏联）	Imre Gedővári（匈牙利）
1984 洛杉矶	Jean-François Lamour（法国）	Marco Marin（意大利）	Peter Westbrook（美国）
1988 首尔	Jean-François Lamour（法国）	Janusz Olech（波兰）	Giovanni Scalzo（意大利）
1992 巴塞罗那	Bence Szabó（匈牙利）	Marco Marin（意大利）	Jean-françois Lamour（法国）
1996 亚特兰大	Stanislav Pozdnyakov（俄罗斯）	Sergey Sharikov（俄罗斯）	Damien Touya（法国）
2000 悉尼	Mihai Claudiu Covaliu（罗马尼亚）	Mathieu Gourdain（法国）	Wiradech Kothny（德国）
2004 雅典	Aldo Montano（意大利）	Zsolt Nemcsik（匈牙利）	Vladislav Tretiak（乌克兰）
2008 北京	Zhong Man（中国）	Nicolas Lopez（法国）	Mihai Claudiu Covaliu（罗马尼亚）
2012 伦敦	Áron Szilágyi（匈牙利）	Diego Occhiuzzi（意大利）	Nikolay Kovalev（俄罗斯）

男子重剑

Games	Gold	Silver	Bronze
1900 巴黎	Ramón Fonst（古巴）	Louis Perrée（法国）	Léon Sée（法国）
1904 圣路易斯	Ramón Fonst（古巴）	Charles Tatham（古巴）	Albertson Van Zo Post（古巴）
1908 伦敦	Gaston Alibert（法国）	Alexandre Lippmann（法国）	Eugene Olivier（法国）
1912 斯德哥尔摩	Paul Anspach（比利时）	Ivan Joseph Martin Osiier（丹麦）	Philippe Le Hardy（比利时）
1920 安特卫普	Armand Massard（法国）	Alexandre Lippmann（法国）	Gustave Buchard（法国）
1924 巴黎	Charles Delporte（比利时）	Roger Ducret（法国）	Nils Hellsten（瑞典）
1928 阿姆斯特丹	Lucien Gaudin（法国）	Georges Buchard（法国）	George Calnan（美国）
1932 洛杉矶	Giancarlo Cornaggia-Medici（意大利）	Georges Buchard（法国）	Carlo Agostoni（意大利）
1936 柏林	Franco Riccardi（意大利）	Saverio Ragno（意大利）	Giancarlo Cornaggia-Medici（意大利）
1948 伦敦	Luigi Cantone（意大利）	Oswald Zappelli（瑞士）	Edoardo Mangiarotti（意大利）
1952 赫尔辛基	Edoardo Mangiarotti（意大利）	Dario Mangiarotti（意大利）	Oswald Zappelli（瑞士）
1956 墨尔本	Carlo Pavesi（意大利）	Giuseppe Delfino（意大利）	Edoardo Mangiarotti（意大利）
1960 罗马	Giuseppe Delfino（意大利）	Allan Jay（英国）	Bruno Khabarov（苏联）
1964 东京	Grigory Kriss（苏联）	Henry Hoskyns（英国）	Guram Kostava（苏联）
1968 墨西哥城	Győző Kulcsár（匈牙利）	Grigory Kriss（苏联）	Gianluigi Saccaro（意大利）
1972 慕尼黑	Csaba Fenyvesi（匈牙利）	Jacques Ladegaillerie（法国）	Győző Kulcsár（匈牙利）
1976 蒙特利尔	Alexander Pusch（西德）	Hans-Jürgen Hehn（西德）	Győző Kulcsár（匈牙利）
1980 莫斯科	Johan Harmenberg（瑞典）	Ernő Kolczonay（匈牙利）	Philippe Riboud（法国）
1984 洛杉矶	Philippe Boisse（法国）	Björne Väggö（瑞典）	Philippe Riboud（法国）
1988 首尔	Arnd Schmitt（西德）	Philippe Riboud（法国）	Andrei Chouvalov（苏联）
1992 巴塞罗那	Éric Srecki（法国）	Pavel Kolobkov（独联体）	Jean-Michel Henry（法国）
1996 亚特兰大	Aleksandr Beketov（俄罗斯）	Ivan Trevejo（古巴）	Géza Imre（匈牙利）
2000 悉尼	Pavel Kolobkov（俄罗斯）	Hugues Obry（法国）	Lee Sang-Ki（韩国）
2004 雅典	Marcel Fischer（瑞士）	Wang Lei（中国）	Pavel Kolobkov（俄罗斯）
2008 北京	Matteo Tagliariol（意大利）	Fabrice Jeannet（法国）	José Luis Abajo（西班牙）
2012 伦敦	Ruben Limardo（委内瑞拉）	Bartosz Piasecki（挪威）	Jung Jin-Sun（韩国）

女子花剑

Games	Gold	Silver	Bronze
1924 巴黎	Ellen Osiier（丹麦）	Gladys Davies（英国）	Grete Heckscher（丹麦）
1928 阿姆斯特丹	Helene Mayer（德国）	Muriel Freeman（英国）	Olga Oelkers（德国）
1932 洛杉矶	Ellen Preis（奥地利）	Judy Guinness（英国）	Erna Bogen-Bogáti（匈牙利）
1936 柏林	Ilona Elek（匈牙利）	Helene Mayer（德国）	Ellen Preis（奥地利）
1948 伦敦	Ilona Elek（匈牙利）	Karen Lachmann（丹麦）	Ellen Mueller（奥地利）
1952 赫尔辛基	Irene Camber（意大利）	Ilona Elek（匈牙利）	Karen Lachmann（丹麦）
1956 墨尔本	Gillian Sheen（英国）	Olga Orbán（罗马尼亚）	Renée Garilhe（法国）
1960 罗马	Heidi Schmid（西德）	Valentina Rastvorova（苏联）	Maria Vicol（罗马尼亚）
1964 东京	Ildikó Újlaky-Rejtő（匈牙利）	Helga Mees（西德）	Antonella Ragno（意大利）
1968 墨西哥城	Elena Novikova-Belova（苏联）	Pilar Roldán（墨西哥）	Ildikó Újlaky-Rejtő（匈牙利）
1972 慕尼黑	Antonella Ragno-Lonzi（意大利）	Ildikó Bóbis（匈牙利）	Galina Gorokhova（苏联）
1976 蒙特利尔	Ildikó Schwarczenberger（匈牙利）	Maria Consolata Collino（意大利）	Elena Novikova-Belova（苏联）
1980 莫斯科	Pascale Trinquet（法国）	Magda Maros（匈牙利）	Barbara Wysoczańska（波兰）
1984 洛杉矶	Luan Jujie（中国）	Cornelia Hanisch（西德）	Dorina Vaccaroni（意大利）
1988 首尔	Anja Fichtel（西德）	Sabine Bau（西德）	Zita Funkenhauser（西德）
1992 巴塞罗那	Giovanna Trillini（意大利）	Wang Huifeng（中国）	Tatyana Sadovskaya（独联体）
1996 亚特兰大	Laura Badea（罗马尼亚）	Valentina Vezzali（意大利）	Giovanna Trillini（意大利）
2000 悉尼	Valentina Vezzali（意大利）	Rita Koenig（德国）	Giovanna Trillini（意大利）
2004 雅典	Valentina Vezzali（意大利）	Giovanna Trillini（意大利）	Sylwia Gruchała（波兰）
2008 北京	Valentina Vezzali（意大利）	Nam Hyun—hee（韩国）	Margherita Granbassi（意大利）
2012 伦敦	Elisa Di Francisca（意大利）	Arianna Errigo（意大利）	Valentina Vezzali（意大利）

男子花剑

Games	Gold	Silver	Bronze
1896 雅典	Eugène-Henri Gravelotte（法国）	Henri Callot（法国）	Periklis Pierrakos-Mavromichalis（希腊）
1900 巴黎	Émile Coste（法国）	Henri Masson（法国）	Marcel Boulenger（法国）
1904 圣路易斯	Ramón Fonst（古巴）	Albertson Van Zo Post（古巴）	Charles Tatham（古巴）
1908 伦敦	未能入选奥运会项目		
1912 斯德哥尔摩	Nedo Nadi（意大利）	Pietro Speciale（意大利）	Richard Verderber（奥地利）
1920 安特卫普	Nedo Nadi（意大利）	Philippe Cattiau（法国）	Roger Ducret（法国）
1924 巴黎	Roger Ducret（法国）	Philippe Cattiau（法国）	Maurice Van Damme（比利时）
1928 阿姆斯特丹	Lucien Gaudin（法国）	Erwin Casmir（德国）	Giulio Gaudini（意大利）
1932 洛杉矶	Gustavo Marzi（意大利）	Joseph Levis（美国）	Giulio Gaudini（意大利）
1936 柏林	Giulio Gaudini（意大利）	Edward Gardère（法国）	Giorgio Bocchino（意大利）
1948 伦敦	Jehan Buhan（法国）	Christian d'Oriola（法国）	Lajos Maszlay（匈牙利）
1952 赫尔辛基	Christian d' Oriola（法国）	Edoardo Mangiarotti（意大利）	Manlio Di Rosa（意大利）
1956 墨尔本	Christian d' Oriola（法国）	Giancarlo Bergamini（意大利）	Antonio Spallino（意大利）
1960 罗马	Viktor Zhdanovich（苏联）	Yuri Sisikin（苏联）	Albert Axelrod（美国）
1964 东京	Egon Franke（波兰）	Jean Claude Magnan（法国）	Daniel Revenu（法国）
1968 墨西哥城	Ion Drîmbă（罗马尼亚）	Jenő Kamuti（匈牙利）	Daniel Revenu（法国）
1972 慕尼黑	Witold Woyda（波兰）	Jenő Kamuti（匈牙利）	Christian Noël（法国）
1976 蒙特利尔	Fabio Dal Zotto（意大利）	Alexandr Romankov（苏联）	Bernard Talvard（法国）
1980 莫斯科	Vladimir Smirnov（苏联）	Pascal Jolyot（法国）	Alexandr Romankov（苏联）
1984 洛杉矶	Mauro Numa（意大利）	Matthias Behr（西德）	Stefano Cerioni（意大利）
1988 首尔	Stefano Cerioni（意大利）	Udo Wagner（东德）	Alexandr Romankov（苏联）
1992 巴塞罗那	Philippe Omnes（法国）	Sergei Golubitsky（独联体）	Elvis Gregory（古巴）
1996 亚特兰大	Alessandro Puccini（意大利）	Lionel Plumenail（法国）	Franck Boidin（法国）
2000 悉尼	Kim Young-Ho（韩国）	Ralf Bissdorf（德国）	Dmitriy Shevchenko（俄罗斯）
2004 雅典	Brice Guyart（法国）	Salvatore Sanzo（意大利）	Andrea Cassara（意大利）
2008 北京	Benjamin Kleibrink（德国）	Yuki Ota（日本）	Salvatore Sanzo（意大利）
2012 伦敦	Lei Sheng（中国）	Alaaeldin Abouelkassem（埃及）	Choi Byung-Chul（韩国）

读者常见问题问答

√ 关于击剑运动

现代奥运击剑是一种使用武器进行对抗的运动。如果所有的规则得到遵守并使用适当的安全装备，它是一项非常安全的运动。听到“击剑”一词时，你可能会想到佐罗或三剑客，真正的击剑运动是一种速度快，运动性强和强调技术、战术的运动。击剑时的目标是在对手得分之前获取一定数值的分数。击剑并非仅是压倒或超越你的对手，在回合中，身体和你手中武器的每个运动都需要提前进行战术计划。当你用武器触碰到你对手的身体时你将得分。因为武器的不同，你将如何得分也有很多区别。花剑、重剑和佩剑是三种击剑运动中使用的武器，虽然有些击剑选手会同时参加三个剑种的比赛，但大多数击剑运动员会选择其中的一种来发展他们的技能。

√ 击剑运动适合什么样的人练习？

只要愿意付出一定的努力，任何人都可以成为优秀的击剑手，击剑运动适合所有人。不像其他一些体育项目，击剑运动没有对于身体类型的特别要求。没有哪一种特定的类型会比别的类型表现得更好，它是一种更基于技巧和技能的运动。

这是一项你可以一生都从事和享受的运动。这项运动可以帮助人们维持健康身体状态，人们还能通过击剑运动结交更多朋友发展终身的友谊。因为击剑的重点是速度与时机而非力量，这是一个对于男孩和女孩都不错的选择。

√ 击剑运动的好处

参加击剑运动的人能够获得更多的自信、自律，以及健康的身体和体能。击剑运动由头脑和身体同时进行参与，使参与者注意力高度集中，并进行战术性思考模式。击剑还提供了一个巨大的个人表达和创造的渠道和机会。至少每周练习一次击剑运动的儿童，经常被发现不仅在其他运动项目中做得更好，而且学业也非常出色，也许是因为它是一个技术上非常复杂的运动，所以能够发展专注力和复杂的协调能力。击剑提供给儿童健康和健身的好处，它发展上肢力量和手臂肌肉，提高灵活性和反应能力，也增加了手和脚的灵活应变能力，能够帮助儿童发展良好的耐力、灵巧性、手眼协调能力。

√ 击剑运动对儿童的安全性如何？

在击剑教育中心，安全性对于我们是最重要的。这是为什么所有学生都需要在他们使用专业击剑装备器材前接受现场安全规则和击剑训练场礼仪的培训指导。在国际认证的专业课程的培训和指导下，我们的击剑选手不会遭受到任何轻微擦伤和肌肉疲劳损伤。

√ 在家习练应注意哪些事项？

在家习练具有无可比拟的便利性，可以随时进行。但需要注意的第一原则依然是安全性，击剑无论是比赛的赛道，俱乐部，或家里，安全性永远第一。安全性并非简单的误伤自己或对手，读者或习剑的学生应该把它扩展成更广的意义上，其实对手发动的每一次潜在进攻和生活中每一处潜在的风险都是安全性。

其次，在家习练尽量固守每天的一个时段，有毅力地养成习惯，再次，请遵循循序渐进的原则，无论在速度上、力度上、精度上。

√ 在家练习课程的科学性？

在家练习课程内容分成体能部分和技术部分。

局限于场地原因，在家只能原地跑、原地蹲跳和哑铃（增加手臂手腕力量），（低龄儿童不可用哑铃，以防误伤！家长可以用米包，500 克，1000 克不等代替）

技术部分是守攻防的专项练习。

家里练习是习剑极其重要且不可或缺的组成部分，但并非全部。

简极致胜——不只是和您说击剑

首先，感谢您选择一款击剑“陪练神器”！该产品获得国家实用新型专利号为202020121637.7。

其次，一提到国家专利，当下中国社会，人们往往容易朝“高精尖”方向联想，其实恰恰相反，这是一款提醒大家回归生命“常识”的专利，也许我们已经习惯因追逐奇迹而忽视常识太久，那么，现在正是时候让我们一起回归常识！

世上每一个奇迹的背后是无数坚实的科学常识！

如果每次训练时，您能细心体会守防攻的真意，每天坚持练习一次（30 分钟），这一款“陪练神器”必能帮助您取得“神奇”的训练及实战效果；如果您三天打鱼两天晒网，那么它可能什么也不是！

世上练字的人当中没有一个人能够，每周只是去书法老师家一次，而自己家里却连笔墨都没有就把书法练好！

世上练琴的人当中没有一个人能够，每周只是去钢琴老师家一次，而自己家里却连钢琴都没有就把琴艺练好！

世上练剑的人当中没有一个人能够，每周只是去击剑俱乐部一次，而自己家里却连把对练的剑都没有就把剑练好！

关于“学习”这件事，两千多年前的孔子早就告诫我们：“学而时习之，不亦说乎”！至关重要的是持之以恒的“习”，“学”而不“习”，岂能学好？

一、生物基因

基因是具有遗传效应的 DNA 片段，基因支持着生命的基本构造和性能，储存着生命的种族、血型等全部生物学信息。

人类从种群分布上讲，有非洲人、亚洲人、欧洲人等，若视人种有高等和低等乃不智，但若忽视人种之间的基因差异乃不明。

此外，女性和男性的差异，儿童不同年龄段的细胞特性差异，都在影响决定着对抗性运动项目选手对决的最终结果。

每位给孩子报名学习击剑的家长，几乎都会说主要是为孩子强身健体，学习面对挑战，学会接受失败并不断积极进取！但真正一旦到了比赛实战的现场，许多家长在激烈的现场氛围下往往因为“输赢得失”而乱了方寸。

在此郑重提醒家长注意，身体条件的差异是一个客观存在，每位儿童的发育进程也各不相同，一位 22 岁和 20 岁的选手，其身体发育基本完成相差不大，而一位 7 岁和 9 岁的儿童，那两人在身高肌肉力量大脑神经系统相差可是太巨大了；所以，低龄段儿童的比赛实战，身体条件比击剑技术水平对结果的影响有时候更大更直截了当。

因此，请勿责备您的孩子，尤其是当他在比赛中输了的时候！您的鼓励和一起检查反思会更有价值，有时候您的孩子输了比赛和他的是否认真是否拼搏没有丝毫关系，可能真正的原因只是他比对手身体年龄上相差 10 个月，而因此所造成的身体各项指标不同是这些客观因素决定了比赛的结果！

二、人文基因——心灵和文化熏陶

世上每一种“艺”，皆有其独特的文化。

源于古时战争格斗与狩猎生活的剑术，日后演变而来成为首届奥运会项目的击剑，其丰富的文化内涵绝非三言两语而可道尽。

但对抗性运动最核心的基本要义，是守防攻一体进顿退不乱的综合文化。它既不是单纯的攻，也不是单纯的防，更不是一味的守；它既不是一味的快速前进，也不是不适时宜地盲目停止，更不是慌里慌张地惊恐后撤！

赢要赢得清楚，输要输得明白！如果您已经做到自己生理条件和技术水平的极限，即使输给生理条件和技术水平远高于您的对手，又有什么可遗憾的呢？

通过习剑和实战，不断地认识自己的身体和思想，验证自己的行为，进而不断提升自己的思维能力和行动能力，不正是习剑带给每位习剑者的最好奖赏么！世上没有一个人可以做到永远的冠军，但世上可以有无数不断精进（BATTER THAN YESTERDAY）的个体。

三、识与行

识道：清晰地认识规则和逐步地认识规律。

规则：每一项运动皆有一定的规则，比赛规则是人们制定要求每位参与者共同遵守的行为法则。每一位习剑的学子，首先要做学习规则，理解规则，并在全过程中遵守规则。

击剑规则裁判知识详见附录。

令人遗憾的是现实生活中许多学生击剑比赛都已参加多次，而规则却一次都没有认认真真学习过，自然也就没有在心底建立良好的规则意识，更谈不上高明地充分利用规则！

试想，一个连规则都没有认真学习，深刻领会其涵义的选手，其要有高水平的比赛呈现是存疑的。

规律：每项运动皆有规律，规律是依赖我们的生存空间条件和生理条件为基础的，是具有一定普遍性而非特殊性东西，比如“万有引力（重力）定律”“惯性定律”“细胞无氧或有氧条件的表现特征”等等。

除了在中国的影视文学作品中，您何曾见过在真实的足球场上、拳击场上、战场上有“鹤发童颜”的武林高手战胜青壮年的一个案例？

俗话说：“师傅引进门，修行靠自身。”世间学问千万种，每个师傅只不过是讲解每门学问——“艺”的基本规则和基本规律，而行动却要靠自身。因此不应过度迷信“教练或权威”，而应尊重规则和规律。

识器：俗话说武器是士兵的第二生命。

请认识您手中的“武器”，武器的结构，长度，重量，使用中的特性，维护保养细节等等。

识人：《孙子兵法》云：“知彼知己百战不殆”。

知人从推己及人的方式比较容易入手，一般情形下：

接“敌”：一旦距离够了，您就会发动进攻；同样的情形下您的对手也是这样想的；那您应该如何更深一层次地深入思考呢？

交锋：防开对手的进攻武器，您就会迅速反击，同样的情形下您的对手也是这样想的；那您应该如何更深一层次地深入思考呢？

如果您使用“身体语言”或“武器语言”进行战术欺骗对手，那是否也应该想一想，您的对手是否也正以同样的方式欺骗您呢？

笃行

一个人的行为从根子上说是其思想的外在表现形式而已。初学者看见“机会”就会贪婪地进攻，看见“危险”就会恐惧地退缩，这是最自然的生理本能反应。但是“看得见”和“做得到”是两回事；把握得住“机会”和化解得开“危险”却不是每个人都能做到，这需要与之相匹配的行动能力。

每位剑客应该首先自问一下：自己攻的能力，防的能力，守的能力如何？自己有为此付出专项练习吗？

如何没有，岂不是像一位未经合格训练的新兵就冒冒失失地进入战场阵地，其结果不是未战就能轻易预料胜负吗？

为什么一般情形下，业余选手总是轻易地输给专业选手？答案不是笼统地说专业选手投入的时间远远胜于业余选手，而是专业选手在进退速度、进攻距离、攻防转换，预判能力，剑的力量等等具体的技术指标上胜人一筹，是这些技术指标在决定“未战而知胜负”，而与是否业余专业的表象无关。

俗话说，“千百个关云长，抵不住一挺机关枪”，为什么？其根本的本质原因是，机关枪子弹的进攻距离、进攻精准度和速度、进攻的连续频率、进攻杀伤力，非人力可抵，“进攻的距离、进攻精准度和速度、进攻的连续频率、进攻杀伤力”这些具体的技术指标才是关键。

四、刻意练习

千万次地重复不是真正意义上的刻意练习，只有千万次地按同一“符合科学标准”的动作重复，才是刻意练习，它需要“一丝不苟”，而且每一个动作都有科学标准！一个科学合理的动作不可能是违反人体的生理结构，也不可能在时效上舍近求远。

习剑其实是一种“苦行”！您能坚持吗？

五、守防攻

守得住，防得开，攻得进！

守：“身”站都站不稳；“剑”拿都拿不稳；“眼”直视对手看都看不牢，怎么守得住？

防：对“敌我距离”没有良好感知；对“对手出剑”没有良好感知？对下一刻情势没有良好预判，怎么防得开？

攻：对“进攻时机”没有把握；对“进攻距离”没有把握；对“进攻意图”没有隐藏；对“进攻速度”做不到迅疾，怎么攻得进？

只想赢不愿练，如果守防攻三项能力都极低，实战怎么可能赢呢？

先“敌”发现

既要先敌发现“战机”；也要先敌发现“危险”！这是一种基本能力。

先“敌”打击

主动出击疾速推进（抢到优先权），“发现战机”或“创造战机”，进攻、连续进攻及交锋中进攻，直到胜利击中“把握住战机”。

先“敌”毁灭

一击而中，结束战斗！

六、无常

认识“无常”。

只要稍稍用心体察，生活中“无常”现象还是十分常见。譬如您的车子一直好好的偏偏某一天临出门时突然故障；有人年纪轻轻突然心源性猝死等等。

在击剑比赛中，偏偏在决赛中关键一剑，您的武器剑尖接触不良；或连接线松掉了或因鞋带松而身体滑倒，而事先您都检查完好的等等不一而足。

如果生活中被您遇到，虽有遗憾但请接纳“无常”！正因为如此，所以比赛前认真仔细地做好一切赛前准备工作，愈加显得重要。

无常让人产生敬畏，让人谦卑行事，它是医治人世间因各种“优越感”而兹生“傲慢”的良药！无论您比赛是否取得第一名的成绩，都需要回归初心，从新开始！

击剑比赛裁判规则主要内容

第一节　花剑交锋规定

一、击中的方法

(1) 花剑是仅使用剑尖的武器。因此，这种武器的攻击动作是使用剑尖，并且只能使用剑尖。

(2) 在比赛过程中（“开始”与“停”口令之间）明确禁止用剑尖在金属场地上挤压或拖拉。同样禁止任何时候在剑道上矫正武器。任何犯规行为将受到处罚。

二、有效部位

只有击中有效部位才能得分。有效部位除去四肢和头部。限于躯干，向上至衣领顶端直至锁骨顶端以上 6cm 处为止；侧面至袖子缝线，应经过肱骨尖端；向下沿脊背上条水平走向的线，经过胯骨顶端，并由此通过一条直线，在腹股沟折皱处的连接点相交，同样包括下巴下 1.5~2cm 水平线以下的护颈部分，任何情况下，不能低于肩膀水平线。

三、无效部位

击中无效部位（无论是进攻或由于防守）不得分，但是要停止交锋，并因此取消随后的任何击中。

四、有效部位范围的延伸

当运动员通过不规范姿势，用无效部位代替有效部位时，该无效部位被击中就算有效，主裁判可以询问助理裁判，但是他应当独自判定这一击中是否有效。

五、击中的具体情况

对于击中具体情况的判断，只能以裁判器显示信号为准。在任何情况下，只要裁判器没有记录击中信号，裁判员就不能宣布某一运动员被击中。如果击中无效部位，裁判器将不记录在同侧可能做出的有效击中。如果两次或几次击中是同时的，但是在时间上各有优先，裁判器的信号无法显示。

六、击中的有效性和优先性

（一）前题

裁判员根据花剑特有的条款及其原则，必须单独对击中的有效性或优先性做出裁决。

（二）交锋的准则

⑴ 任何进攻，即任何开始的攻击动作正确完成时，应当被防守或完全避开，而一系列交锋应当连贯协。

⑵ 为了判断一个进攻是否正确，应考虑到以下情况：①直接或间接的简单进攻的正确做法是：当伸出手臂，在做出冲刺或弓步动作之前，剑尖已威胁有效部位。②复杂进攻的正确做法是：做第一个假动作时就伸出手臂，在进行攻击之后的连续动作和发动冲刺或弓步时，剑尖威胁有效部位，不收回手臂）③通过向前一步冲刺或向前一步弓步发动进攻的正确方法是：向前一步结束之前，以及进行冲刺或弓步之前就已伸出手臂④一个动作无论简单还是复杂，如果在向前一步或做假动作时，手臂已收回，就不算进攻，而只算一个准备动作，可能导致对手发动攻击动作或防御性的反击动作。

⑶ 为了判断一系列交锋时一次进攻的优先权，应注意以下 4 点：①如果发动进攻时，对手不处于“击剑线”姿势，那么可以运用直刺、转移刺、交叉刺发动进攻或进攻之前运用一次击打或有效的假动作，迫使对手防守。②如果发动进攻时，对手处于“击剑线”的姿势，进攻者应该预先打开对手的剑，裁判员应注意到轻轻地擦过不能视为足以打开对手的剑。③如果进攻者寻找对手的剑以便打开它，却没

碰到（被对手避开），动作优先权转移到对方。④向前交叉步是一个准备动作，基于这个动作之上的一切简单近政都有优先权。

(4) 防守时有权还击：简单还击可以是直接或间接的，但是为了防止进攻者随后的任何动作，还击应当毫不犹或没有停顿地立即完成。

(5) 在一个复杂进攻中如果对手在做一个假动作碰到武器他有权还击。

(6) 在复杂进攻时，对手有权反攻，但是必须在一个击剑时间的进攻结束之前反攻才有效，即反攻必须在进攻者已经开始进攻的最后一个动作终止之中。

（三）判断

(1) 在一系列交锋中，当双方运动员同时被击中，或者视为同时动作，或视为相互击中。

(2) 同时动作是由于双方运动员发动进攻的同时想法和同时动作；在这种情况，，即使其中一方击中无效部位，双方击中均被取消。

(3) 相反的是，相互击中是一名运动员的一个错误动作的结果。因此，如果在两次击中之间没有一个击剑时间，判定情况如下。

a 只有被进攻者一方被击中：①如果他对一个简单进攻进行反攻；②如果他不防守而是竭力躲闪，但没有成功；③如果他在一次防守成功之后，停顿了片刻，使对手得以再次进攻（转移、延续或重新进攻）；④如果他对一个复杂进攻进行反攻，却没有一个击剑时间的优势；⑤如果他处于“击剑线”姿势，在对手一次击打或一个缠绕打开他的剑之后，他没有对进攻者直接做出的劈刺进行防守，而是出手进攻，或者重新提剑作“击剑线”姿势。

b 只有进攻者方被击中：①如果当对手处于“击剑线”时，他发动了进攻却没有打开对手的剑，裁判员应注意到，轻轻擦过不能视为足以打开对手的剑；②如果他寻找对手的剑而没有碰到（因为已被对方避开）而继续进攻；③如果在一个复杂进攻中，对手已碰到剑并立即进行还击时，他仍继续进攻；④如果在一个复杂进攻中，他犹豫片刻，而在此刻对手做出反攻，而他继续进攻；⑤如果在一次复杂进攻中，他在做最后个动作前的击剑时间里遭到反攻；⑥如果对于对手的一次防守，他采用延续，连续或重新进攻，而对手紧接防守之后，在相同时间内进行直接简单还击，且没有回收手臂。

c 每当裁判员在发现互相击中时不能清楚判断错误属于哪一方时，便命令双方运动员恢复准备姿势。

第二节 佩剑交锋规定

一、击中的方法

(1) 佩剑是一种使用剑尖、剑刃和剑背的武器。

(2) 用剑刃、扁平部分或剑背做出的任何劈打都算击中（正劈和反劈）。

(3) 禁山使用护手盘劈打。因护手盘劈打而产生的一切击中均应被取消，做出这击中的运动员将受到规定的处罚。

(4) 通过剑身的劈打，是指劈打时同时碰到对手的剑和易受伤的部位，只要是明显击中有效部位，就算有效。

(5) 任何比赛时间都禁止在剑道上矫正武器。任何犯规行为将根据规定受到处罚。

二、有效部位

(1) 只有击中有效部位才能得分。

(2) 运动员处于实战姿势时，有效部位包括由大腿和躯干形成的褶痕顶点水平线以上的身体任何部分。

(3) 击中有效部位以外的地方，不算击中；不能因此停止一系列交锋，随后的击中也不取消。

(4) 如果运动员通过遮掩或者不正常动作，用无效部位取代有效部位，裁判将按规定对其进行处罚。

三、击中的具体情况

佩剑比赛的判罚要依据一种记录击中的电动裁判器。击中只能以裁判器显示为准。如果裁判器不显示击中信号，裁判员就不能判决某运动员被击中，罚剑情况除外。“开始”前和“停”后的击中也同样不被认可。

四、击中的有效性和优先性

（一）前提

根据佩剑特有的条款及其原则，只能单独对击中的有效性或优先性做出裁决。

（二）交锋的准则

(1) 任何正确完成的进攻应当完全避开防守，一系列交锋应该连贯。

(2) 进攻的正确做法是，伸出手臂，在发动弓步进攻前用剑尖或剑刃连续威胁有效部位。

(3) 弓步进攻的正确做法是：①如果是简单进攻，即在发动弓步之前伸出手臂，最迟在前脚着地时劈刺击中。②如果是复杂进攻，即在发动弓步之前，做出第一个假动作时，伸出手臂，最迟在前脚着地时劈刺击中。

(4) 向前一步弓步进攻的正确做法是：①如果是简单进攻，即在向前一步之前伸出手臂，最迟在前脚着地时劈刺击中。②如果是复杂进攻，即在做出第一个假动作时，伸出手臂，接着向前一步，之后弓步，最迟在前脚着地时劈刺击中。

(5) 佩剑在向前移动、做弓步或任何向前的动作时，禁止后脚超过前脚。任何犯规都将受到处罚。犯规运动员可能完成的击中将被取消。相反，对手正确完成的击中将记录成绩。

(6) 判断进攻正确与否，必须考虑到以下情况：①如果发动进攻时，对手正处于“击剑线”姿势，进攻者应预先打开对手的剑。裁判们应当十分注意，如果只是轻擦了一下剑，不应视为足以打开对手剑。②如果在寻找对手的剑以便打开它时，并没有碰到对手剑（已避开）动作的优先权转移到对方。③如果在对手不处于“击剑线”姿势时发动进攻，可以运用直接进攻、转移进攻、交叉进攻，或在进攻前使用假动作，迫使对方防守。

(7) 复杂进攻

1) 在复杂进攻中，应当正确做出假动作：①剑尖劈刺假动作，即手臂伸直，剑尖连续威胁有效部位。②剑刃劈打假动作，即手臂伸出，剑身和手臂形成一个135° 左右的钝角，剑刃威胁有效部位

2) 在一次复杂进攻中，如果有一个假动作让对手碰到了武器，他有权还击。3) 在一次复杂进攻中，对手有权反攻，但是反攻必须在一次击剑时间的进攻终止之前才有效，即反攻必须在进攻者已经开始的进攻最后一个动作终止之前击中。

(8) 击打进攻：①在击打进攻中，正确且保持其优先权的做法是，击打在对手剑的弱部，即剑身的上方 2/3 部位。②在击打进攻中，错误的做法是，击打在对手剑的强部，即剑身下方 1/3 部位，同时对手因此得到了及时还击的优先权。

(9) 防守还击：①防守时有权还击，简单还击可以是直接的，也可以是间接的，但是为了取消进攻者随后的任何动作，必须立即、毫不犹豫或没有停顿时间地做出

还击。②防守正确做法是在对手攻击的最后动作之前，关闭相应的线，使得该攻击动作不得不结束从而阻止对手劈刺的命中。③当正确完成防守时，即使对手攻击的剑身顶端因其柔韧性已触及了有效部位，裁判必须宣布并判决攻击动作已被防掉。

（三）判断

在执行佩剑的这些基本规则时，裁判应作如下判断。

在一系列交锋中，当双方运动员同时被击中时，可以是“同时动作”，也可以是“相互击中同时动作因双方运动员进攻的同时想法和同时动作而产生；在这种情况下，两人的命中均被取消。相反，相互击中则是某一运动员一个明显错误动作的结果。因此，在两次击中之间没有一个击剑时间，判断如下。

(1) 被进攻者一方被击中：①如果他对一个简单进攻进行反攻。②本应防守，但是他却尽力躲闪，而没有成功。③如果在一次防守成功以后，他停顿了片刻（不及时还击），便给了对手重新进攻的权力（连续、延续或重新进攻），④如果他对一个复杂进攻进行反攻，但没有一个击剑时间的优势。⑤如果他处于“击剑线”姿势，在受到一次击打或者对手的剑打开自己的剑以后，他没有对进攻者作出的直接劈刺进行防守，而是出手进攻，或是重新提剑处于“击剑线”。

(2) 进攻者一方被击中：①当对手处于击剑线”姿势时，他没有打开对手的剑就发起进攻。裁判应特别注意，若只是轻擦一下，便不能视之为足以打开对手剑。②如果他寻找对手的剑却未碰到（因为被避开），且继续进攻。③如果在一次复杂进攻过程中，对手碰到剑时，他继续进攻而对手立即给予还击。④如果在一次复杂进攻中，他手臂回收了一下或犹像了片刻，此时对手做出反攻劈刺或进攻，而他却继续自己的动作。⑤如果在一次复杂进攻中，他在最后一个动作的击剑时间内遭到反攻。⑥如果他对于对手的防守采取延续、连续或重新进攻并击中，而对手在防守以后在同一时间内进行直接、简单的还击，且没有回收手臂。⑦在相互击中的情况下，每当主裁判不能明显判断哪一方有错时，双方运动员恢复准备姿势。

第三节 重剑交锋规定

一、击中的方法

(1) 重剑是仅使用剑尖的一种武器。因此这种武器的攻击动作是使用剑尖进行，并且只能使用剑尖。

(2) 在比赛过程中（“开始”与“停”之间），明确禁止将剑尖在金属剑道上挤压或拖拉；同样，在任何时候都禁止在剑道上矫正武器。任何犯规行为将受到处罚。

二、有效部位

有效部位包括运动员整个身体、衣服与装备。因此，无论击中身体（躯干、四肢或头部）、服装或装备的哪一部分，都能得分。

三、身体接触和冲刺

(1) 如果交锋一方由于冲刺或突然向前移动，多次造成身体接触（既不粗暴也不剧烈），并不违反击剑的基本条款，也没有任何违规行为。

(2) 如果运动员为了避免被击中，而故意引起身体接触或是挤撞对手，将受到规定的处罚。

(3) 本条款所指的身体接触是冲刺的惯性结果，不应该与挤撞对手而告终的冲刺混为一谈，在3个剑种中，后者均被视为故意的粗暴行为，都要受到应有的处罚。

(4) 相反，跑动中的冲刺，甚至超过对手而没有身体接触都是允许的，裁判员不应过早叫“停”，而不至于取消可能发生的还击；如果做冲刺时没有击中对手，而冲刺者越出了剑道边线，他应受到规定的处罚。

四、击中的判断

(1) 重剑比赛借助一台电动裁判器来判断。判断击中只能以裁判器显示信号为准。在任何情况下，只要裁判器没有按常规显示击中信号，裁判就不能判决某一个运动员被击中（罚剑的情况除外）。

(2) 当两名运动员都被击中，而裁判器记录的两次击中都有效，就出现“相互击中”，即每人都算击中一次。

第四节 击剑比赛的犯规种类与处罚

一、 犯规种类

第一类犯规。在第一类犯规中，运动员首次犯规（不管是什么犯规）被罚以黄牌（警告）。假如在同场比赛中该运动员犯了同类型的另一个错误，每次主裁判都罚以一张红牌（罚剑）。假如犯规运动员因第二类或第三类犯规已经被罚了一张红牌，即使他首次犯属于第一类的错误，仍被罚一张新的红牌。

第二类犯规。在第二类犯规中，从第一次犯规起，将被罚红牌（罚剑）。假如在同一场比赛中该运动员又犯了第一类和第二类的错误，每次主裁判都要罚以一张红牌（罚剑）。

第三类犯规。(1) 第三类犯规中的初犯被罚红牌，即罚一剑（即使犯规运动员因犯第一类或第二类错误已被罚一张红牌）。

(2) 假如运动员在同场比赛中又犯了同类型的另一个错误，主裁判将罚他一张黑牌，开除出剩余的比赛及接下来本赛季两个月的比赛

(3) 对于剑道以外扰乱秩序的任何人员，有以下处罚：①初犯给予黄牌警告，对整场比赛都有效，并被技术委员会记录在案。②在同场比赛中再犯，罚以黑牌或者驱逐出比赛场所。

(4) 在最严重的情况下，即在剑道上或剑道以外引起混乱时，主裁判可以立即开除或驱逐犯规者。

第四类犯规。在第四类犯规中，初犯被罚黑牌，开除出剩余的比赛及接下来本赛季两个月的比赛。但是对于团体比赛，如果只是团队中的一名运动员收到了黑牌，并不代表取消整个团队的参赛资格，但是该团队不得再选择这名运动员为团队成员。击剑规则与处罚分类见表。

击剑规则与处罚分类

犯规	判罚		
1. 在世锦栋赛和世界杯团体赛中，后背无姓名，无国家队队标。	取消比赛资格		
2. 金属衣不合格更换后，后背缺少名字			
3. 小组循环赛、团体赛及直接淘汰赛开始前 10 分钟，裁判员第一次点名不到场。			
4. 三次点名后，每次点名间隔 1 分钟，裁判点名仍不到场	第 1 次 黄牌	第 2 次 红牌	第 3 次 开除
第一类	**初犯**	**再犯**	**以后**
1.1 未经允许离开剑道	黄牌	红牌	红牌
1.2 为避免被击中而身体接触（*）			
1.3 转身背向对手（*）			
1.4 遮掩 / 代替有效部位（*）			
1.5 接触 / 抓握电动器材			
1.6 为避免被击中越出边线			
1.7 无正当理由中断比赛			
1.8 器材及服装不合格，剑的弯曲度不符合规格，缺少符合规定的备用剑或备用手线			
1.9 在剑道上矫正剑			
1.10 花剑和重剑中，剑尖在金属剑道上按压或拖拉			
1.11 武器接触金属外衣（*）			
1.12 佩剑中用护手盘劈刺（*）；向前动作时双腿或双脚交叉（*）			
1.13 拒绝服从裁判			
1.14 头发不符合规则规定			
1.15 挤撞、混乱动作（*）；在“停”口令之前摘掉护面；在剑道上穿或脱衣服			
1.16 不正常移动（*）；粗暴击打、摔倒过程中或摔倒后的击中（*）			
1.17 无理要求			
1.18 未经裁判允许进入剑道围挡 +			
1.19 花剑比赛中，运动员非持剑手的肩部不得超越持剑手的肩部（*）			

第二类	初犯	再犯	以后
2.1 使用非持剑手、臂	红牌	红牌	红牌
2.2 以未经大会医生确认的受伤 \ 痉挛为由要求暂停			
2.3 缺少器材检验标志（*）			
2.4 在世界杯个人赛及洲际锦标赛中，后背无姓名，无国家队队标。			
2.5 故意击中对手以外的地方			
2.6 危险、粗暴或报复性动作；用护手盘或手柄击打（*）			

第三类	第 1 次	第 2 次	
3.1 运动员在剑道上扰乱秩序，最严重的情况下，裁判员可立即出示黑牌	红牌	黑牌	
3.2 比赛中弄虚作假（*）			
3.3 违反广告的规定			
3.4 在剑道外扰乱秩序的任何人，最严重的情况下，裁判员可立即出黑牌	黄牌	黑牌	
3.5 没有根据 FIE 规定，在热身或训练时着击剑服或装备			
3.6 违反体育精神的行为			

第四类	处罚
4.1 运动员在比赛时佩戴了能与外界交流的电子设备	黑牌
4.2 欺骗性装备，模仿或使器材检查标记移位	
4.3 对器材进行修改，可以任意记录刺中或使设备不正常工作	
4.4 拒绝和正常报名的另一名运动员比赛（个人或团体）	
4.5 违背体育精神的错误	
4.6 在比赛开始前和结束以后拒绝向对手、裁判和观众行礼	
4.7 从私下串通中得益，给对手让分	
4.8 故意的粗暴行为（*）	
4.9 使用兴奋剂	

解释

（*）：取消犯规运动员的击中剑。

+ ： 黄牌带至全队以及整场比赛。在一场比赛里，如果一个运动员违反了第一组，那么每一次上场裁判都将出示红牌。

黄牌： 本场比赛中的有效警告（无论一次或几次发生）。如果一名运动员无论因何原因被罚一张红牌以后又犯了第一组错误，他将再次被罚一张红牌。

红牌： 判罚被击中一剑。

黑牌：开除出比赛，不得逗留，取消随后赛季两个月的活动。（青年：10 月 1 日至世界青年锦标赛；成年：1 月 1 日至世界锦标赛）。

一名运动员只有在他已经犯了第三类错误（已被罚过一张红牌）以后，才能在他又一次犯同类错误时给予黑牌处罚。

二、处罚

1. 交锋处罚（适用于实战中的犯规）

（1）失去场地：一只脚或双脚越出剑道边线的运动员，给予失去场地 1m 的处罚。

（2）拒绝承认事实上已经击中的一剑：尽管一方运动员实际上已经击中对方的有效部位，但是由于下列原因，他可能被拒绝承认这一击中：击中并非在交锋时间内完成；他已越出剑道边界；击中是由于电动设备中出了故障；击中伴有粗暴行办；以及规则中规定的任何其他原因。

（3）判定实际上并没有被击中的一剑：由于下列原因，某一运动员实际上未被击中而被判罚击中。倒如，越出剑道端线；某一犯规阻碍对手击中（冲刺挤撞对手，花剑和佩剑中身体接触；不持剑手的介入等）。

（4）开除出分项比赛：运动员如果在交锋中对对手采用某些粗暴行为或报复性动作，同样，如果他没有忠诚维护其机遇或者从和对手的私下协议中得益，可以被开除出该分项比赛。被开除出某一分项比赛的运动员即使有资格进入下一轮，也不能再继续参加该项比赛；他便失去了该项目的个人排名权利，排名在其后的所有运动员的比赛成绩提高一个名次。如果是两个第三名的情况，将根据这两位选手的积分分出排名先后。任何情况下，只有在比赛中获得积分的运动员才能在比赛成绩中提升一个名次。

2. 纪律处罚（适用于破坏秩序纪律或体育精神而犯的错误）

(1) 判定实际上没有被击中的一剑。

(2) 开除出该项比赛：开除出分项比赛的处罚也可以针对一个纪律性犯规而作出（该到而不到场，武器不合格，对裁判员态度无礼等等）。

(3) 开除出整个联赛："联赛"这一名称是对在同一地点、同一时期、为同一目的而举行的多场分项比赛的总称。被开除出联赛的运动员将不再被准许参加联赛中的任何分项比赛，不管是同一剑种还是其他剑种的比赛。如果处罚的是一个队，那么应该对其每个成员的情况作个别分析，并且根据情况，该队的某一成员可能会受到不同于其他成员受到的纪律处罚。

(4) 驱逐出比赛场地：除运动员以外的所有参加者或出席者（教练员、医护人员、技术人员、陪同人员、正式工作人员、观众），都可能受到驱逐出比赛场所的处罚，结果是禁止他们在分项比赛或联赛期间进入比赛场地。这一处罚措施对任何人都不能宽容。

(5) 取消比赛资格：取消某一运动员的比赛资格（例如由于他不符合比赛的年龄、资格或其他条件），如果他不是故意的，不一定要停赛或除名；然而，假如他有欺诈目的，可以要求对他进行补充处罚。已经使用了一名被取消比赛资格的运动员的队，必须受到与该运动员相同的处罚，也要被取消资格。取消资格的结果和开除出分项比赛的结果相同。

(6) 纪律处分在不能判定应处以更为严重的纪律处罚的情况下，运动员或正式工作人员可以被处以纪律通报处分。

(7) 罚款。

(8) 暂时停赛：被停赛的运动员不能在停赛期间参加国际剑联的任何正式比赛。被停赛的其他任何人不得在停赛期间和规定地点内履行职能。

(9) 除名：除名处罚的后果与停赛相同，但是有最终性。

注：①除了除名以外的处罚都要由裁判和技术委员会这样有资质的权利机构实施。②只有拒绝行击剑礼才可被权利机构实施暂时停赛的处罚。

3. 处罚的公布

(1) 技术委员会必须把比赛中采取的处罚措施及其原因随即向国际剑联总部通报。

(2) 在奥运会上，技术委员会应通过组委会通知国际奥委会。

三、处罚性质、措施、权限

1. 处罚性质

(1) 有 3 种处罚适用于犯规处罚表格中列出的情况。如果一名裁判要处罚一名违反多条规定的运动员时，先从最轻的处罚开始判罚。

(2) 对于同一场比赛的所有处罚都是可以累加的，除了黑牌，黑牌标志着取消其该场分项赛的参赛资格，开除出剩余的联赛及接下来本赛季两个月的比赛。但是对于团体比赛，如果只是团队中的一名运动员收到了黑牌，并不代表取消整个团队的参赛资格，但是该团队不得再选择这名运动员为团队成员。某些犯规可以使得犯规运动员击中的一剑被取消。在实战过程中，只有和犯规有关系的击中才可被取消。

2. 处罚措施

(1) 黄牌警告，由主裁判向犯规运动员出示。因此，该运动员明白他做出的任何新的犯规都将带来判罚一剑的后果。

(2) 处罚一剑，由主裁判向犯规运动员出示红牌。这时他的对手的比分上会被加上一次击中的分数，并且如果这是最后一次击中，那么他就输掉了比赛。另外，根据新犯规的性质，任何红牌出示后只能跟着出示另一张红牌或一张黑牌。

(3) 裁判判罚黑牌时，取消分项赛参赛资格，开除出剩余的联赛及接下来本赛季两个月的比赛。

(4) 驱逐出比赛场地。(所有扰乱比赛秩序的人员)。

(5) 任何警告(黄牌)、罚剑(红牌)和开除(黑牌)，以及是哪些队伍受到了处罚，都应被记录在比赛、循环组赛或团体相遇赛的计分表里。

3. 处罚权限

规则里不同条款中列出的犯规行为及处罚措施，都概括在处罚的表格里；它们被划分为四大类，所有处罚的决定都在主裁判的权限内，而技术委员会始终保留行政干预的。

一块引“玉”的砖头

我们愿做一块引“玉”的小砖头，把世界级的击剑大师引荐给中国公众！

我们愿做一根串“珍珠”的小丝线，把全球各地的精英人士“以剑会友”会聚在同一个舞台！

我们愿做一块助力的垫脚石，年轻的学子们，请踏上我们的肩膀，走向你自己美好前程的远方！

我们将一以贯之地践行“古今贯通，中西合璧，文武齐备”的教育理念，“思行合一”，矢志不渝地为求索真理而努力！

中国文化里有句成语，叫抛砖引玉，也有一句叫君子有成人之美。

因缘际会，自从 2003 年在新加坡第一次接触击剑运动以来，我们一直热爱并投入这项历史悠久的奥运会运动项目以及它的教育推广活动。2010 年，我们在中国杭州的公司成立首个企业击剑俱乐部；2012 年，我们整合新加坡、加拿大、美国、英国以及中国内地的教育资源成立了专业的击剑教育公司！

2015 年，我们编辑整理了一本《中国好学子—— 一种正在悄然复兴的新击剑教育》，把我们多年来在击剑教育领域的实践探索思考做了一个文字上的总结，并继续在探索实践的道路上前行。

2016 年，也是世界第 31 届奥运会的举办年，我们有幸出版这本《与冠军同行（RUNNING WITH THE OLYMPIC CHAMPION）——一种正在悄然复兴的新击剑运动》，为奥运会献上属于我们自己热情参与的特殊作品。

是的，值此荣幸时刻，我们要感谢的人很多很多：我们要感谢一代名将栾菊杰女士，要感谢加拿大的学生顾宏涛（DANNEL），感谢所有国内外习剑的学子，感谢新加坡新视野管理学院院长肖金喜先生，感谢中国苏州的陆琪教练，感谢香港的陈伟劲教练，感谢中国华东师范大学教育学黄晓燕博士，感谢中国杭州邵逸夫医院浙江大学宋佳乐医学博士，感谢中国哈尔滨体育学院本科毕业后在杭州任教的苗剑锋老师，感谢中国杭州郭小帆教练。

特别感谢国际奥委会主席托马斯·巴赫先生！

特别感谢中国中共中央宣传部部长黄坤明同志在时任浙江省委常委、杭州市委书记时对我们的勉励之语，我们将铭记领导的勉励，持之以恒，勿忘初衷地笃行向前……

特别感谢《扬眉剑出鞘》的作者理由先生！

我们要感谢为本书出版付出诸多努力的任晓燕和沈明珠编辑，以及付出无数辛劳的设计师水上先生。

我们还要感谢此刻拿起此书的读者，并致以最真诚的祝福！本书未尽完美之处，恭请读者及诸位专家批评指正，以期再版时改进，谢谢您的宝贵意见。

谢谢大家！祝福您！